中公新書 2824

JN159160

上杉 忍著

アメリカ黒人の歴史 増補版

奴隷貿易からオバマ大統領、BLM運動まで

中央公論新社刊

増補にあたって

本書の旧版が出版されたのは、バラク・オバマ大統領が再選され、第二期が始まったばかりの二〇一三年三月のことだった。初当選した二〇〇八年の選挙では、黒人の投票率は六四パーセントを記録し、それは一九六五年投票権法成立以後で最高だった。二期目を目指しての選挙では、投票率はさらに上がり、六六パーセントに達した（白人は六四パーセント）。黒人のなかには幸福感が広がり、期待が高まっていた。私は、旧版のプロローグで、二〇〇八年一一月四日、シカゴの白人、黒人、ヒスパニックの住民や学生が歓喜してオバマ勝利の宣言集会に集い、それぞれの居住区では、踊ったり、歌ったり、叫んだり、銃を空に向けて発射したりしてその喜びを表現した様子を描いた。

しかし、黒人のオバマに対する期待は、ほどなくすっかりしぼみ、幻滅に変わった。度重なる警官による無防備の黒人殺害に対する抗議運動から始まった「ブラック・ライヴズ・マター（「黒人の命や生活」が問われているんだ）」運動（以下BLM運動と略記する）の爆発的拡大は、彼の二期目が始まってまもないころのことだったが、オバマは「自分は黒人のためだけの大統領ではない」から黒人たちのためだけの手は打てないとして冷静な対応を呼びかけ、巧みな話術を使って期待を抱かせながら、その実この運動と距離を置くばかりだった。彼が警察組織の改革について言及するようになったのは、黒人たちの街頭での抗議行動が急激に高まってからのことだった。二〇一六年の大統領選挙では、オバマの後継を標榜《ひょうぼう》したヒラリー・クリントン候補に対する黒人たちの熱気はすでになく、黒人有権者の投票率は、五九パーセントまで下がり、彼女はドナルド・トランプにまさかの敗北を喫した。

オバマの大統領当選後、しばらくの間、「アメリカ社会では、もはや人種は差別の主要要因ではなくなった」とする「ポスト人種社会の到来」が期待を込めて語られたが、BLM運動の高揚によって、その掛け声はすっかり影を潜め、人種差別的警察国家体制（産獄《さんごく》複合体）の実態が国民の前にあらわとなり、全国各地の大都市中心部のインナーシティーの厳しい現状と、その下での彼らの誇り高い抗議行動が、白人を含む多くの国民に共感をもって受け止められた。そして、この運動は、黒人を取り巻く環境が、公民権運動が高揚した一九六〇年代とは、大きく変容していたことを示した。

BLM運動は、警官の理不尽な黒人に対する暴力への怒りを表現していただけでなく、貧困な黒人女性や性的少数者を前面に立てながら、特にインナーシティーの黒人コミュニティーの再建を目指して生活改善、福祉、医療、教育、公共交通機関の復活・拡充、あらゆる差別の撤廃など、社会改革全般につながる多様な運動に取り組んでいる。

私は旧版で、アメリカ黒人をアメリカ社会の危機を最も敏感に知らせる「アメリカのカナリア」と呼んだが、BLM運動は今、アメリカ社会の根源的病巣を告発し、社会全体の改革を展望して活動しており、したがって、体制派からは危険な存在とみなされている。トランプは、BLM運動を「テロリスト」と呼び、FBIは、早くから彼らを「黒人アイデンティティー過激派」とみなして監視を続けている。

本書は、旧版の本論を基本的にそのまま維持し、その末尾にBLM運動についての論考を補章として付け加えている。しかし、その脈絡を理解していただくために、旧版で触れたことについても一部繰り返している。読者のみなさんには、再確認のために特に第五章、第六章もあわせて読んでいただけるとありがたい。

この運動に関する史資料は、インターネットで容易に手に入れることができるし、優れた研究書も出版されている。しかし、現在進行中の一連の運動を手短な「歴史」として描き出し、これをアメリカ黒人史の全体像の脈絡中に編み込むことは容易な作業ではなかった。

とはいえ、『アメリカ黒人の歴史』を著した者の責任として、ともかくも現在までに最低限確認できるBLM運動の歴史をまとめ、旧版に増補して、『アメリカ黒人の歴史――奴隷貿易からオバマ大統領、BLM運動まで』としてここに世に問うことができたことを喜びたい。

このささやかな補章を書き上げるだけでも、多くの方々にお世話になった。特に挙げさせていただければ、東京唯物論研究会の平子友長さんには、『唯物論』の第九七号特集「アメリカはなにをめざすか――アメリカ帝国主義の現在」への寄稿のお誘いをいただき、論文「ＢＬＭ運動――新自由主義・産獄複合体との対決の最前線に立つ黒人運動」を掲載させていただいた。大幅に改稿してあるが、この論文を柱に据えて補章はまとめられている。

また、公民権運動後のラディカルな黒人運動について粘り強く研究を続け、その成果を数多く発表されてきた藤永康政さんには、本書旧版に対して丁寧な建設的批判をいただき、教えられることが多かった。お二人には、ここに記してお礼の言葉としたい。

最後に本書増補版の出版にあたっては、再び編集者並木光晴さんのお世話になった。ＢＬＭ運動に関する叙述を旧版につけ加え増補版を出版することを提案してくださったのは、並木さんだった。厚くお礼を申し上げたい。


二〇二四年六月、紫陽花《あじさい》が美しい梅雨期の静岡にて

上杉　忍

はしがき

本論に入る前に、アメリカで「黒人あるいはアフリカ系アメリカ人」と呼ばれる人々とはいったいどのような人々なのか、全人口のどのくらいの比率を占めているのか、そして、今どんな変化が起きているのかについて、ごく簡単に触れておきたい。

アメリカでは一九八〇年の人口調査以後、住民を、白人、黒人あるいはアフリカ系アメリカ人、アジア系、先住民、太平洋諸島人の五つの人種グループ別およびヒスパニック系（スペイン語を話すラテン系住民）とその他の集団に区分して、その統計を取っている。二〇一〇年の統計では、アメリカの全人口三億八七五万人のうち非ヒスパニック系白人は一億九六八二万人（六三・七パーセント）で、人種を問わずヒスパニック系は五〇四八万人（一六・三パーセント）、黒人は三八九三万人（一二・六パーセント）、アジア系は一四六七万人（四・八パーセント）、先住民と太平洋諸島人は合わせて三四七万人（一・一パーセント）という結果が出ている（なお、複数の人種に登録している住民が五三二万人いた）。急増しているヒスパニック系がそれまで最大のマイノリティー集団だった黒人の人口を凌駕《りょうが》したのは、二〇〇〇年調査からだった。しかもこのヒスパニック系には、このほかにまだアメリカ在住資格を持っておらず、統計に出てこない「不法入国者」が一〇〇〇万人近くいると推定されている。

　誰をどの人種に分類するかは、国によって、時代によって、また、同じ国でも地域によって多様だった。北部の大都市では、一九二〇年までは黒人の人口は少なく、この社会では、例えばロマ人（いわゆるジプシー）、ユダヤ人、イタリア人、ギリシア人などが、黒人と並ぶ「人種」と扱われており、彼らを有色人種と差異化し「白人」と一括《ひとくく》りにして分類し始めたのは一九二〇年以後のことだった。

　アメリカで、どのくらいの割合で黒人の血が混じっている者を「黒人」と分類するかを法的に厳密に規定するようになったのは、一九世紀末、特に南部諸州でのことだった。それは、異人種間結婚を禁止したり、学校教育での人種隔離を徹底したりするために、「黒人」概念を明確にしなければならなかったからである。その結果、特定割合以上で黒人の血が混じっている者を「黒人」とする多様な「血の一滴のルール」が各州で法的に定められ、そのため、アメリカで「黒人」として社会的・政治的に分類されてきた人の中には、肌や目、髪の毛の色、容貌が、ほとんど「白人」と区別がつかない人が多数存在している。

　このように、「人種」は生物学的概念ではなく、社会的・政治的概念なのだから、それは時代とともに変化してきたし、また変化していく。現に近年、アフリカやカリブ海域から多くのアフリカ系移民がアメリカに到来し、その数は彼らの子供を含めると「黒人」人口の一

○パーセントを超え、彼らのアメリカ社会への参入は、「アメリカの黒人」像を大きく変容させる可能性を持っている。彼らは従来の「黒人」とは異なった歴史的経験と自己認識を持ち、異なった社会的地位を占めているために、自分たちを「アメリカ黒人」として意識するよりは、母国のアイデンティティーを維持・強化する方向に動こうとしている。今、アフリカ系アメリカ人のアイデンティティーは「多様化」しているのである。

しかし、確かに「アフリカ系アメリカ人」は、このように急激に「多様化」してきているが、それにもかかわらず、アメリカ人たちは、彼らを一様に「黒人」として扱う傾向がある。彼らが「母国のエスニック集団」、そして「黒人」という中間項を飛び越えて、一気に「アメリカ人」になるにはまだまだ時間がかかりそうである。

なお、本書では、表題に「アメリカ黒人」という言葉を用いているが、混血を含めて「アフリカ系アメリカ人」というアイデンティティーを持つ人々は、外見上は多様で、この集団は「色」を示す集団では必ずしもない。そのため、彼らを色を示す「黒」という語で表現することは必ずしも適切ではない。「アフリカ系アメリカ人」という表現の方がより適切だと思われる。しかし、日本社会では「アフリカ系アメリカ人」という表現はあまり馴染みがないし、すべての場面で「アフリカ系アメリカ人」と表記するのはあまりに煩わしいので、そのことを十分意識したうえで、本書では日本社会で一般に用いられている「アメリカ黒人」

ないしは「黒人」という言葉を「アフリカ系アメリカ人」を示す言葉として多くの場面で用いていることをお断りしておきたい。

目次

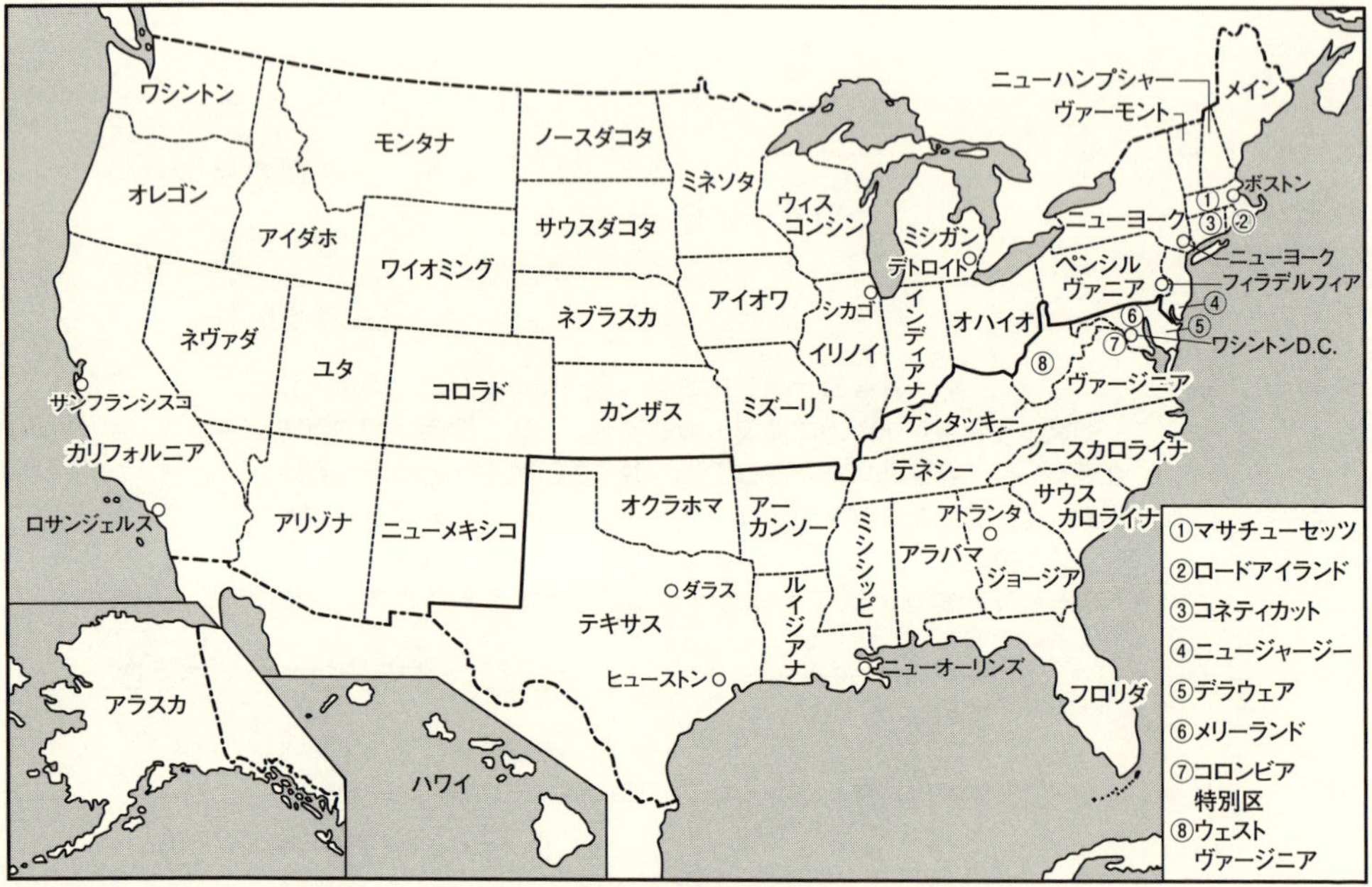

太い実線より南側が「南部」

アメリカ黒人の歴史

増補版

プロローグ

「黒人」大統領誕生の熱狂

二〇〇八年一一月四日の晩、シカゴのグラント・パークには二〇万人もの人々が歓喜の声を上げながら集まってきた。アメリカ史上初めて「黒人」のバラク・フセイン・オバマが大統領に選出されたのである。この集会には、白人も黒人もヒスパニック系、アジア系も、男も女も若者も老人もいた。

会場に入れなかった人々は、各居住区でお祭りを楽しんだ。プエルトリコ系の人々はフンボルト・パーク、メキシコ系の人々はピルセンで花火を焚《た》き、レストランに集まってお祝いした。今回の選挙では、キューバ系を含むヒスパニック系の票が、フロリダ州でのオバマの勝利に貢献した。ハイドパークでも学生たちが街に繰り出してオバマ当選を祝った。シカゴ北部郊外の白人居住地域でのお祭り騒ぎはいくぶん穏やかなものだった。この地域では白人有権者の圧倒的多数がオバマに投票した。

中でも熱狂的に喜びを表したのは、サウス・サイド地区とウェスト・サイド地区の黒人だった。人々は街に繰り出し、踊り、車は警笛を鳴らし、窓からは興奮した叫び声が聞こえ、銃を空に向けて発射する者までいた。

ついに彼が登壇した。

「ハロー！　シカゴ！　皆さん！　アメリカは、今夜、多くの人々の疑問に答えを出しました」として、オバマは、この勝利は建国者の夢がアメリカ人の中でなお生き続けていることを証明したと誇らしく語った。そして、「しかし、この勝利は変革を実現するチャンスを得たことを意味するにすぎません」「今回の金融危機が私たちに教えてくれたことがあるとすれば、それは私たち国民の大部分が苦しんでいる時にウォール街だけが繁栄することはありえないということです。この国では、栄える者も失敗する者も、一つの国民なのです」と国民の団結を呼びかけ、「そう、われわれは変えることができるのです！」と結んだ。

大統領選挙の勝利集会で演説するバラク・オバマ　2008年11月4日，シカゴにて．読売新聞社提供

何が「圧勝」の原因だったか

集計が終わってみると、結果はオバマが六九五〇万票、得票率五二・九パーセント（選挙人五三八人中の三六五人）で、共和党のマケイン候補より九五五万票も多く得票した。まさ

に「圧勝」だった。参考までに過去二回の選挙結果を見てみると、二〇〇四年ブッシュ（子）の圧勝だったとされた時の票差は三〇一万票差だったたし、二〇〇〇年の選挙では、フロリダ州の疑問票のおかげで勝利したブッシュは、ゴアより得票総数で五四万票少なかった。このような脈絡にこの結果をおけば、二〇〇八年のオバマの勝利がいかに圧倒的だったかがわかるだろう。

オバマが大統領選挙で勝った直接の要因は、次の二つだったと言われている。その第一は、一九六八年大統領選挙以来、その圧倒的多数が共和党に投票して来た白人労働者をある程度民主党に取り戻したことである。そして第二は、黒人がかつてなく多くの有権者登録を行い、その圧倒的多数がオバマに投票したことだった。

以前から、民主党は長いこと白人票の過半数を取ることができなかった。例えば一九八四年のレーガン（共和党）は、白人票の六七パーセントを確保していた。その後一貫してその傾向が続いてきた。しかし、二〇〇四年に白人民主党候補ケリーは白人票の四一パーセントを獲得し、この時のオバマは、さらに加えて、それを四三パーセントにまで増やした。母数が多い白人集団から票をこれだけ取り戻したことは民主党にとっては大きな意味を持っていた。

このような白人の投票動向の変化の背景には、おそらく一九九〇年代に顕著となってきた黒人中産階級の拡大によって、一般白人たちの黒人に対する認識が大きく変わっていることがあるものと思われる。身近に中産階級の黒人と接触することが多くなった白人たちの中では、黒人に対する恐怖感や不信感、軽蔑感が薄れ、「黒人候補には絶対投票しない」といったかつての典型的白人が大幅に減っていると言われている。特に若い年齢層でそれが目立っている。

このような白人たちを安心させ引き付けたのが、オバマの次の演説だった。

人種の壁を越えて

それは、二〇〇八年三月、合衆国憲法文書が署名された町フィラデルフィアで行われた人種に関するオバマの演説である。

彼は、そこで、「虐げられた人々が自己の怒りをぶつけ合うのではなく、肌の色に関わりなく、ともに建国者たちが掲げたアメリカの信条のもとに結束して、問題の解決に当たるべきです」と呼びかけた。

オバマは、この演説で、シカゴの黒人コミュニティーに入って活動してきた経験とシカゴ大学ロースクールで憲法について講義してきた知見に基づき、アメリカ黒人が置かれてきた差別的状態とそれが今なお解消されていないことに触れ、「何世代にもわたる差別の遺産が、次の世代に持ち越され、今でも多くの若者たちが、街角や監獄で、未来への希望も夢もなく時を過ごしているのを私たちは目にしています」と述べた。

そして、「しかし私たちが注目すべきことは、差別を乗り越えることに失敗した男女がいかに多いかではなく、その困難を乗り越えてきた男女がいかに多いかなのです」としたうえで、「差別に対する怒りは現実から生み出されたものです。その怒りの根源を理解せず非難するだけでは、誤解と分裂を広げることにしかなりません」とも述べた。

続いて、「白人コミュニティーの中にももっともな怒りがあります。この人たちは、この国に来た時から誰の助けもなしに自分たちの力で懸命に働いてきたのに、自分たちの仕事が海外に奪われてしまうのを何度も目にしてきました。……賃金の低落とグローバルな競争の時代に、……他人の犠牲の上にしか、自分たちの夢は実現しないように思われるのです」と白人たちに理解を示し、「この人たちは、アフリカ系アメリカ人が良い仕事に就いたり、良い大学に入学したりするのは、特別扱いを受けているからだと聞かされると、『フェアではない』と感じるのです」と説明した。

黒人がこのような白人の「怒り」を理解せず、自分たちの怒りをぶつけるばかりでは、多数のアメリカ人に黒人の苦境を理解してもらえず、そうしなければ、アメリカ国民が共同して取り組むべき経済危機、環境問題、医療問題、教育問題、雇用問題などを解決できないのだと彼は語り、続けて「われわれは、古くからの人種の傷をともに乗り越え、より完全な連帯に向かって進み続けるほかはないのです。……この町で、愛国者たちが憲法文書に署名して以来、何世代もの人々が理解してきたように、その共同こそがわが国の理想への道の始まりなのです」と結んだ。

オバマのアイデンティティー

バラク・フセイン・オバマは、カンザス出身の白人女性とケニア出身の黒人留学生の間に生まれ、その後、継父《ままちち》とともにインドネシアで育ち、思春期はハワイの白人社会の中で過ごした。その過程で、彼は自分のアイデンティティーについて悩むが、自らのルーツをヨーロッパには求めずそれをアフリカに選んだ。アメリカ社会では、黒人の血が「一滴」でも入っていれば「黒人」と分類される社会的圧力があったことは否定できないだろうが、彼は黒人社会で生活したことがなかった。そして、自分を世界各地にルーツを持ち、多くの文化の中で育った典型的な「アメリカ人」の一人だと認識しつつ、自ら「アフリカ性」を選択したのである。彼は大学卒業後シカゴの黒人コミュニティーで地域活動を開始した。しかし、その基本的問題意識は、これまでの黒人活動家とはかなり異なっていた。

彼は黒人として、その集団の抑圧された境遇を改善するために努力するだけでなく、アメリカの病を癒し、建国の父たちが理想としていた「より完全なアメリカ人の連帯」を実現するために、アメリカ政治の先頭に立とうとした。言い換えれば、彼は、黒人にはアメリカ全体を変えていく責任があるし、そうすることによってのみ、黒人は、黒人の苦境を克服することができると考えていたのである。

さて、シカゴでのオバマの選挙勝利演説大集会は終わった。オバマの演説に酔いしれ、「一体としてのアメリカ」のひと時の夢に浸った集会参加者たちは、「この勝利は変革を実現するチャンスを得たことを意味するにすぎません」というオバマの言葉を胸に、それぞれ暗い夜道を別々の人種およびエスニックのコミュニティーに帰っていった。それは、厳しい日常的現実に引き戻される家路だった。

奴隷制廃止から人種隔離撤廃への道

一九六〇年代まで、アメリカでは各州の人種隔離立法や人種差別行為を連邦政府が直接禁止することはできなかった。しかし、一九六四年公民権法によって、連邦政府が人種差別を法的に禁止し、アメリカ市民なら誰であろうとその市民的権利の保護を連邦政府に求めることができるようになった。少なくとも、法的にはアメリカは「肌の色に関わりなく平等な国」になったのである。長期にわたる多くの犠牲の上に実現されたこの変革は、単に黒人にとっての「革命」だっただけでなく、また、女性を含むその他のマイノリティー集団にとってのそれだっただけでもなく、アメリカ社会全体の一大変革をもたらした革命だった。

本書の第一章から第四章までは、英領植民地から奴隷制共和国として独立したアメリカが、黒人を法的にも社会的にも差別、抑圧し、彼らに社会全体の秩序を維持し安定させる船の底荷のような役割を押し付けてきたこと、しかし黒人たちは抵抗をやめず、アメリカ社会全体に警告を発し続けてきたこと、アメリカ社会はそれを無視することはできなかったことについて触れている。特に第三章と第四章は、アメリカが世界の超大国として、「自由と民主主義」の旗を掲げて対外戦略を展開していくようになった時代を扱っている。この時代には、黒人差別が「アメリカのアキレス腱《けん》」だと認識されるようになり、労働者階級を含む黒人大衆が、積極的に「自由と民主主義」の大義を掲げ、多くの白人大衆の「罪の意識」を動員して、法的人種隔離体制を打破した「長い公民権運動」が展開されたことについて述べている。むき出しの人種差別体制の克服は、アメリカが「自由と民主主義」の旗を掲げ反共自由主義陣営の指導者として世界で振る舞うために、必要不可欠なことだった。それは、法的な差別を受け、機会を奪われてきた多くの有色人種にとっては、チャンスの拡大を意味していた。その後のアフリカ系アメリカ人の活躍は、政界でも経済界でも、学問、文化、芸術、スポーツの分野でも目覚ましい。一九六四年公民権法が成立した当時、半世紀以内に黒人が大統領に選ばれるなどと、誰が想像しただろうか。

脱人種「白人保守革命」の時代

しかし、今日なおアメリカには、事実上の人種隔離と人種差別が深く根を張っている。オバマが一九八五年に最初の地域活動を始めたこの町シカゴは、今も人種・エスニック居住区が最も厳しく隔離されている全国の主要大都市の一つである。全国の都市中心部には、ほとんどどこにでも、失業、貧困、家庭崩壊、麻薬、犯罪、刑務所への収監、荒廃した公立学校、そして環境汚染と疾病が蔓延《まんえん》する有色人居住区（「インナーシティー」と呼ばれる）があるが、ここシカゴでも、オバマの邸宅のすぐ近くの街角で、昼間から働き場のない黒人の若者たちが麻薬を求めて、あるいは麻薬の買い手を求めてたむろしている。

では公民権法成立以後の五〇年間を歴史としてどのようにとらえ、時期区分し理解したらいいのだろうか。そこで、本書は、試みに、第五章で一九六〇年代から九〇年代までを扱い、この章のタイトルを「脱人種『白人保守革命』の時代」としてみた。それは、「人種」という言葉を用いずに白人多数派を結集した、新自由主義的「保守革命」が達成されたのがこの時代の基本的特徴だととらえるからである。「肌の色に関わりのない」市場原理を貫徹させた事実上の人種差別放任政策がこの時代に広がった。「カラーブラインド」という言葉を使った人種差別放任擁護論が盛んに展開されるようになったのがこの時代である。社会福祉体制の解体が、有色人種への反感を最大限結集した「白人保守革命」によって達成されたのである。

「分極化」と「多様化」の時代

そして、第六章では一九九〇年代以後を扱い、これには、「『分極化』と『多様化』の時代」とのタイトルを付けた。ここでは、なお脆弱《ぜいじゃく》ではあるが黒人中産階級がかつてなく増大し、アメリカ社会に統合されている一方で、アメリカ社会の最底辺に沈殿している大部分の黒人の状況が、アメリカ主流社会から隔離され一層悲惨なものになっていることを、黒人社会の「分極化」と表現した。また一九九〇年代以後アフリカ系の移民が急増し、その子供も増えており、特に大都市で無視できない変化を引き起こしていることをアメリカ黒人社会の「多様化」と表現して、論じてみた。

黒人中産階級の増大と、アフリカ系移民の急増は、アメリカ社会における人種意識の「地殻変動」を引き起こし、「黒人」オバマを大統領に押し上げる力になったものと思われる。

二〇一二年大統領選挙の結果

二〇一二年の大統領選挙では、第一期四年間の業績が必ずしも目覚ましいものではなく、オバマ陣営には前回ほどの熱気がないと伝えられてきたし、彼の「失政」を攻撃した共和党のロムニー候補が善戦し、直前まで「まれに見る接戦」と言われていた。

よく知られているように、近年アメリカでは、貧しい人を中心とした犯罪経歴者およそ五〇〇万人が選挙権を剝奪され、二〇〇万人以上の受刑者は投票ができない。そのうえ、この選挙の前には、共和党が多数を占める州で、事前投票受付時間を制限し、投票の際に本人確認のための写真付き身分証明書の提示を求めたりするなど、事実上の「民主党票」の選挙制限が行われた。民主党に投票する人々の中には、運転免許証を持てず、長時間労働に従事している貧しい人が多いからである。しかし、それにもかかわらず、共和党はオバマを打ち負かすことができなかった。

ふたを開けてみると、オバマは、四九七万票の「大差」をつけてロムニーに勝った。再選されたオバマの勝利宣言は自信に満ちていた。「これまでも障害は大きかった。しかし、われわれは一歩一歩前進している。今、われわれが闘い続ける勇気を持ち続け、闘い続ければ、われわれの前には、かつてない希望が広がっている」。

今回のオバマ勝利の要因は、獲得白人票が減少したにもかかわらず、その票の多くが棄権に回り、ロムニーには流れなかったこと、ヒスパニック系の人口が増え、選挙登録率も上昇したうえに、民主党支持率が急増した（二〇〇四年五三パーセント、二〇〇八年六七パーセント、二〇一二年七一パーセント）こと、そして、黒人の登録率が予想外に減少せず、その支持率も九三パーセントを維持したことだった。

二〇一〇年、ヒスパニック系を除く白人の人口は一億九六八二万人だった。全人口に占めるその比率は六三・七パーセントで、一〇年前には六九・一パーセントだったから、その割合の減少傾向は急激である。しかも、今後も引き続き減少していくと予測されている。そのような趨勢《すうせい》の中で、今回の場合もロムニー候補に投ぜられた票の八割以上を白人が占めており、従来のようなマイノリティー集団に厳しい新自由主義的政策や保守的イデオロギーを掲げていたのでは、当分、共和党は大統領選挙で勝つことができないのではないかという危機感が共和党の中で広がっているという。

二〇一一年秋から全国に広がった自然発生的大衆運動「九九パーセントの人々のオキュパイ運動」(富の極端な集中に対する抗議運動)の主力は白人だった。彼らの運動は、選挙の票とは必ずしもつながらなかったとされている。しかし、彼らの票がオバマから離れてロムニーに流れたとは思えない。「オバマに二期目はやらせない」という明らかな反黒人感情を臭わせるキャンペーンにもかかわらず、ロムニーに投ぜられた票は前回の共和党候補より九八万票増えたにすぎなかった。やはり大きな「地殻変動」がアメリカで起こっているのだろう。

アメリカのカナリア

歴史的に見ると黒人は全アメリカ人口の十数パーセントを占めるにすぎなかったが、彼らは一貫して、アメリカ社会の最底辺に沈殿する人々を最も多く抱えてきた。炭坑に入る際に有毒ガスを検知するため労働者が連れていくカナリアのように、黒人は、アメリカ社会の危機をいち早く伝える役割を果たしてきた。言い換えれば、黒人は、アメリカ社会・経済の矛盾を最も敏感に感じ取り警告を発する存在だったのである。だからこそ彼らは、この国の問題を最も鋭くとらえ、南北戦争・再建期や公民権革命の時に典型的に表れたように、歴史的に、単に黒人のためだけの変革ではなく、アメリカ社会全体のための変革の最前線に立ち続けてきたとも言うことができる。だとすれば、アメリカ黒人は、オバマが言うように、黒人だけのために自己主張するのではなく、アメリカ社会全体の変革に責任を負う立場に立つことができるし、そうしなければいけないのである。

炭坑のカナリアならぬ「アメリカのカナリア」は今、大都市中心部貧困地帯や南部農村で、失業と貧困にあえぎ、麻薬に冒され、刑務所に不釣り合いに多く長く収監され、悲しいうめき声を上げている。その声はオバマには聞こえてはいるが、多くの白人は、自分の身の回りのことで手一杯で、そのうめき声が聞こえていないし、聞こうともしていない。民主主義というものが、大衆の声を集めてその合意の上に成り立つものだとすれば、オバマが、このカナリアのために事態改善のための問題提起をし、それがアメリカ社会全体を救うために必要不可欠なことだと国民多数を説得するための政治的条件は、まだできていないようである。オバマ大統領は、黒人の代表ではなくアメリカ国民の代表であることを示すためにも、黒人だけを意識した政策を取ることは極力避けている。

本書は、以上のように、アフリカ系アメリカ人は、アメリカ社会の危機を最も敏感に感じ取り、その危機をアメリカ社会に知らせる「カナリア」であり、同時にアメリカ社会の変革の最前線に常に立ってきた集団でもあるとの立場に立って、「アフリカ系アメリカ人」の経験を軸に据えつつ、この国がまだ英領植民地だったころからの「一つのアメリカ史」を描こうとする試みである。

第一章　黒人奴隷制共和国アメリカ（一五〇二―一八六〇年）

1　大西洋奴隷貿易と北米植民地

オラウダ・エクィアーノの生涯

イボ族出身のオラウダ・エクィアーノは、おそらく一七五六年、一一歳の時にベニン国（現在のナイジェリア）で誘拐されて、何人かの奴隷商人の手を経て、海岸まで歩かされた。途中で多くの奴隷が自殺や疲労、飢餓で死んだ。海岸の収容所で、イギリス人医師に検査され、彼は初めて見る妙な言葉を話すその白い男に恐怖を感じ、自分が悪霊の世界に連れ込まれるのだと思った。

奴隷船では、デッキの下に身動きできないほどに詰め込まれ、船内は排泄物《はいせつぶつ》の悪臭に満ち、人々はうめき苦しんだ。一切のものを口にせず飢え死にを選ぶ者もいた。船員は道具を使って無理やり彼らの口に食べ物を押し込んだ。大西洋を渡るには四―八週間かかった。およそ七人に一人は途中で死に、無事に到着した者も疲弊しきっていた。

彼は、バルバドス島に陸揚げされ、続いてヴァージニアに送られて草取りや石拾いをさせられたが、言葉が通じず、惨めな思いをした。幸運にも彼は、イギリス海軍の高官に買い取られ、各地を旅し、イギリスで教育を受ける機会にも恵まれた。一七六六年、彼は金を貯めて自由を買い取った。その後彼は奴隷貿易禁止運動に加わり、自身の奴隷化の経験を語り、自伝を出版した。

移送される黒人奴隷　アフリカ人の奴隷商人により，アフリカ内陸部から海岸地域のヨーロッパ諸国の商館に連行される様子．Darlene Clark Hine, William C. Hine, and Stanley Harrold, *African Americans: A Concise History*, Pearson Education, 2012より

西アフリカの奴隷捕獲戦争

一六世紀初頭から約三〇〇年間、ヨーロッパ人によって、アフリカからアメリカに運ばれた黒人奴隷は、およそ一二五〇万人、その拉致《らち》から到着までに、多くの人命が失われ、その数を含めるとアフリカ大陸から奪われた人口は二〇〇〇万人以上に上ると推計されている。

アフリカとの黒人奴隷交易を最初に始めたのは、ポルトガルだった。彼らは一四五六年には、西アフリカのマンディンゴ族と貿易交渉を行い、以後、奴隷貿易がこの地域の重要な交易活動となった。

ヨーロッパ人がこの地に進出した時代に、西アフリカのイスラム文化の一大中心地だったソンガイ帝国がまもなく衰退し始め、この地域は群雄割拠の時代に入った。ヨーロッパ人が持ち込んだ銃は近隣諸部族同士の戦闘に用いられ、捕虜を奴隷として売却する奴隷交易が拡大した。ダホメイ、アシャンティなどの部族は、奴隷貿易で富を蓄積し、強力な国家を形成した。一四五〇年から一五〇〇年までの間だけで約一〇万人の黒人奴隷がヨーロッパに運ばれた。当初、黒人奴隷の輸出先はヨーロッパだった。しかし、その数は、その後アメリカ大陸に運ばれた奴隷と比べれば微々たるものだった。

アメリカ大陸の奴隷需要

爆発的な奴隷需要を生み出したのは、アメリカ大陸のプランテーション（単一作物を栽培する大規模農園）だった。アメリカ大陸進出の先頭を切ったスペインは、ここで大量の銀を手に入れ、この銀はヨーロッパで商業・価格革命を引き起こし、スペインはヨーロッパ世界の覇権を握った。そのスペインが征服したカリブ海域では伝染病などで先住民人口が激減したため、一五一八年、砂糖プランテーションの労働力としてここに黒人奴隷が導入され始めた。スペインばかりではなく、オランダ、イギリス、フランスも砂糖生産に乗り出し、一七世紀後半には、カリブ海域およびブラジルで黒人奴隷の導入が一気に増大した。

当時ヨーロッパで、茶やコーヒーを飲む習慣が広がり、砂糖菓子、ジャム、チョコレートなどが消費され、安定的な砂糖市場が期待できた。アフリカから輸出された黒人奴隷のうち、砂糖生産の中心地だったブラジルに五〇パーセント、カリブ海域に四五パーセントが送られた。こうして、この地域は、砂糖をヨーロッパに吐き出して巨万の富をもたらす植民地となり、この地域での砂糖生産の主導権を握るために、ヨーロッパ諸列強は各地で武力衝突を繰り返した。

北米植民地の黒人奴隷制の始まり

ヴァージニアのジェイムズタウンに英領北米植民地最初の黒人奴隷が陸揚げされたのは、一六一九年だとされてきた。ポルトガル商人が運んでいた奴隷を海上で奪ったオランダ船がここに入港し、水、薪その他の物資と交換に二〇人の黒人奴隷を提供したのである。ところが、すでにこの地には三二人の黒人がいたという記録があった。しかし、彼らがいつどこから来たのかはわかっていない。どちらにせよ、当時まだこの植民地には奴隷法が存在していなかったので、彼らは奴隷とは扱われず、しばらく年季奉公に従事した後に解放された。

ヴァージニアでは、当時すでに約一〇〇〇人の白人年季奉公人が主にタバコ・プランテーションで働かされていた。この年季奉公人は、一定期間の強制労働の見返りに、ヨーロッパからの渡航費や債務の支払い、あるいは刑罰を免れることになっていた。彼らの労働や彼らへの体罰は厳しく、結婚や商品売買などの権利を制限され、一方的に年季が延長されることもあった。しかし、彼らは外見上自由白人と見分けがつかなかったため、逃亡取り締まりは困難だったし、年季が明けると解放しなければならなかった。このような年季奉公人は、まもなくプランテーションの労働力需要に応えられなくなった。

こうして一六七〇年代を境に、黒人奴隷制への転換が進んだ。ヴァージニア植民地では、一六六二年議会で、黒人女性奴隷から生まれた子供は奴隷とする「世襲的黒人奴隷制」が法的に確認された。そして、一八世紀初頭までには、各植民地で奴隷法典が整備され、黒人奴隷制が広がった。ただし、あくまでその中心は南部植民地で、一七五〇年には黒人奴隷の八七パーセントは南部で使役されていた。

植民地の主な担い手は「不自由人」

英領北米植民地には、三つのタイプの植民地があった。最も早く植民活動が始められたのは南部（現在のヴァージニア、メリーランド、デラウェア、ノースカロライナ、サウスカロライナ、ジョージアの各州）で、ここでは年季奉公人や黒人奴隷を用いて、タバコ、米、藍《あい》などが栽培されていた。少し遅れて入植が始まったニューイングランド（現在のマサチューセッツ、ロードアイランド、コネティカット、ニューハンプシャーの各州）は、船舶用品や海産物の輸出も行ったが、相対的に自給的な宗教共同体としての性格が強い農業植民地だった。両者の中間には、オランダが先住民との交易で影響力を行使していた中部（現在のニューヨーク、ニュージャージー、ペンシルヴァニアの各州）があり、まもなくイギリスはオランダを排除し、この地域にカリブ海域とヨーロッパ向けの食糧生産を行う植民地を建設した。

これらの植民地の中ではとりわけ南部の比重が大きかった。一七七〇年代、南部は北米植民地のイギリスへの全輸出量の八割を占め、ここには総人口の約半数が住んでいた。また、アメリカに上陸した人々の大半は、自由人ではなく、「不自由人」だった。一七〇〇年から一七七五年までに北米植民地に上陸した約六〇万人のうち、黒人奴隷が四七パーセント、年季奉公人が一八パーセント、罪人が九パーセントであり、自由人は二六パーセントにすぎなかった。

2 イギリス植民地からの独立

ボストン虐殺事件から武力衝突へ

北米植民地は、先住民諸部族との対決と西欧諸列強の覇権闘争の間をかいくぐって膨張していった。特に英仏の雌雄を決する大戦争だった七年戦争（一七五六―六三年）には、先住民諸部族とともに植民地人も参加し、植民地人は自ら領土を守ったイギリス臣民としての自信を深めた。

イギリス政府は、七年戦争で膨大な戦費を支出し、新たに獲得した領土を維持する費用も増えたから、戦後まもなく、それまでの「有益なる怠慢」と呼ばれる植民地放任政策を転換して、植民地が輸入する砂糖や茶などの商品に課税し、また、日常生活への課税を意味する印紙条例を制定した。

このようなやり方に対して、植民地人は「本国議会に代表を出していない自治植民地への課税は、不当だ」と主張し、植民地同士で連絡を取り合って抵抗運動を始めた。そして、一七七〇年三月には、ボストン駐屯イギリス兵と民衆の些細《ささい》な争いが、イギリス兵の発砲によって植民地人五人が死亡する事件に発展した。ボストン民衆がこれを「ボストン虐殺事件」と呼び、大規模な葬儀を行って抗議の意思を示すと、イギリスは茶条例を除き植民地に対する全般的規制法を撤回した。

「ボストン虐殺事件」の犠牲者の一人、クリスパス・アタクスは黒人で、独立革命のために命をささげた最初の黒人殉教者としてアメリカ史にその名を刻まれ、繰り返し語られてきた。先住民とおそらく白人の血も混じっていたクリスパス・アタクスは、この事件が発生した時、バハマから着いた捕鯨船を降りてボストンに上陸し、ノースカロライナに向けて出航する直前だった。彼は近くで騒ぎが起こっているとの話を聞き、現場に駆けつけ、この事件に巻き込まれて殺された。しかし、彼が独立運動に関わっていたという証拠は今のところ見つかっていない。当時、反英活動家ポール・リヴィアが大衆動員の目的で描いた「ボストン虐殺事件」の版画には、彼らしき人物は特に描かれていなかった。彼が独立革命の殉教者となったのは、奴隷制廃止運動が盛り上がっていた一八五六年に出版された『アメリカ革命の黒人愛国者』(ウィリアム・C・ネル)に添付された版画に、最前列で銃撃されているクリスパス・アタクスの像が大きく描かれてからのことだった。

一七七三年五月、イギリス議会は茶条例を施行し、東インド会社に北米植民地への茶の独占的販売権を与え、密輸される茶より安い値段で放出させることを決定した。これに対してボストン市民は、一二月一六日、群れをなして東インド会社の船に乗り込み、茶箱を海に投げ捨て公然と抵抗の意思を表明した。これが「ボストン・ティーパーティー事件」である。イギリス軍がボストン港を封鎖し直接支配に乗り出すと、植民地側も大陸会議を開き、抵抗の態勢を確立した。事態は一七七五年四月、ボストン近郊レキシントンでの武力衝突を経て、ついに一七七六年七月四日大陸会議が「独立宣言」を発するに至った。この「革命戦争」は、一七八一年一〇月、イギリス軍が降伏するまで六年以上続いた。

「独立宣言」と黒人奴隷制

「独立宣言」は、ヴァージニアの奴隷主トマス・ジェファーソンの起草によるもので、イギリスの思想家ジョン・ロックの自然権思想と社会契約論を根拠に「われわれは、自明の真理として、すべての人は平等に造られ、造物主によって、一定の奪いがたい天賦の諸権利を付与され、その中に生命、自由および幸福の追求が含まれることを信ずる。また、これらの権利を確保するために人類の間に政府が組織されること、そしてその正当な権力は被治者の同意に由来するものであることを信ずる」と述べ、その独立の正当性を宣言した。

ジョン・ロックの自然権思想の中核には、私有財産権が位置づけられ、その私有財産には奴隷が含まれていた。ロックは、当時奴隷貿易を行っていた王立アフリカ会社の株主であり、重役だった。

ジェファーソンは、黒人の生来的劣等性を「科学的」に論証し、それをもって「万人の平等」から黒人を排除する論拠とした。それは彼だけの「科学的知識」ではなかった。世界進出とともにヨーロッパでは、当時、博物分類学が発展していた。そしてヨハン・F・ブルーメンバッハが、収集された人骨の分類によって人類を五つの人種に分類したうえで、神が造った秩序に基づく人種諸集団の階層秩序を論じた本を出版したのは、一七七五年だった。

数百人もの奴隷を所有していたジェファーソンは、「白人を怠惰にする」奴隷制を批判していたが、同時に治安維持のために、奴隷の個人的解放を規制するべきだと主張していた。また彼は、自分が黒人奴隷のサリーという女性に産ませた子供二人が逃亡するのを見過ごし、サリーの兄二人を解放し、遺言でサリーに産ませた別の子供二人を解放したが、それ以外には一人も奴隷を解放しなかった。

奴隷身分脱出の好機

独立派の「自由の息子たち」の会員ウィリアム・キャンベルに所有されていたノースカロライナの黒人奴隷トマス・ピーターズは、イギリス軍要塞の司令官が、要塞に逃亡してきた奴隷を保護し、プランター（プランテーション経営者）を殺害した奴隷には農場を与えると約束したとの噂《うわさ》を耳にした。

西アフリカで拉致されたヨルバ人のトマスは、一七六〇年、ルイジアナに陸揚げされた。彼はその後三度、逃亡し、そのつど連れ戻されて売却され、戦争が始まった時には、キャンベルに所有されていた。「自由の息子たち」が語る「生まれながらの自由」という理想を耳にしつつ、彼は、決断の時が来たことを悟った。彼は一七七六年三月家族を連れてイギリス軍に助けを求め、イギリス軍の部隊に所属することになった。

戦争中に多数の奴隷が逃亡した。イギリスの占領中に深南部（現在の、サウスカロライナ州、ジョージア州などを指す）の奴隷の四分の一以上が逃亡した。ジェファーソンの農場がイギリス軍に襲われた時には、三〇人の奴隷がイギリス側に逃げ込んだ。大陸軍（植民地側の軍隊）は、開戦後しばらくして黒人の兵籍編入を認めたが、サウスカロライナとジョージアは一切黒人を受け入れなかった。南部の他の州では、一七七七年になって軍に自由黒人を受け入れ、多くの奴隷主がその奴隷を解放すると約束して、軍隊に自分の身代わりに差し出した。

こうして、戦時中に全黒人のおよそ二〇パーセントにあたる一〇万人もの黒人奴隷が逃亡や従軍によって自由になった。

一七八七年に開催された連合会議では、憲法の制定の前に、一三植民地の西側の領地をどのようにこの国に編入するかを議論し、この国で奴隷制と自由労働制を共存させる北西部領地条例を定めた。この条例は、オハイオ川以北の領地では、今後、州として連邦に編入される場合には、ここを白人のための入植地とし、奴隷制は認めないことを決めた。

合衆国憲法の奴隷制条項

この年の憲法制定会議は、奴隷制をこの憲法体制の中にいかに組み込むかに腐心した。彼らは憲法の第一条第二節に「下院議員および直接税は、連邦に加入する各州の人口に比例して各州に配分される。各州の人口とは、年季契約奉公人を含む自由人の総数を取り、課税されないインディアンを除外し、それに自由人以外のすべての人数の五分の三を加えたものとする」との条項を挿入した。奴隷を保持している南部は、少ない有権者で多数の議員を連邦議会に送り出す権利を得ただけでなく、「自由人以外の人」という文字を憲法の中に書き込ませることに成功した。

憲法第一条第九節は「現在の諸州のいずれかの州で入国を適当と認める人々の往来および輸入に関しては、議会は一八〇八年以前においてこれを禁止することはできない」と規定し、奴隷の輸入を一八〇八年まで認めることを確認した。当時は、綿作プランテーションが西に発展し始め、奴隷の輸入が強く求められていたので、この条文は「奴隷貿易規制の禁止」を意味し、現にこの時期に駆け込み的に大量の奴隷が導入された。しかし、まもなく、上南部(現在のノースカロライナ州、ヴァージニア州、メリーランド州などを指す)の奴隷が過剰になり、奴隷価格の低落を恐れたこの地域出身の政治家たちは奴隷貿易への圧力を強め、しかも、一八〇七年にはイギリスが奴隷貿易を禁止したため、アメリカも奴隷貿易を一八〇八年に禁止することになった。奴隷貿易の禁止に最も強く抵抗したのは、奴隷輸出を生業《なりわい》としていたアフリカの諸部族だった。

さらに憲法は、奴隷制を保護する条項として、第四条第二節「ある州の州法で労働に従う義務がある者が、他の州に逃亡した場合、その州はその権利を保持している所有者の要求に応じてその逃亡者を引き渡さねばならない」と明記し、自由州に逃げた逃亡奴隷を元の所有者に返却することを規定していた。

以上のように合衆国憲法は、奴隷制と奴隷所有階級の支配権を保障したものであり、その意味で、アメリカ合衆国は「奴隷制共和国」として出発したと言うことができる。事実、一八六〇年にリンカンが大統領に選出されるまで、歴代の大統領の大半は奴隷主だったし、彼らが任命した最高裁判所の判事の圧倒的多数も奴隷所有者あるいは奴隷制の擁護論者だった。下院議会は人口に応じて議席が配分されるため、南部の比率は低下する傾向にあったが、上院議会は人口に関わりなく、各州に二議席が割り当てられるために、南部は上院で拒否権を行使することが容易だった。

憲法には、白人優越主義は書き込まれなかったが、建国当初から連邦議会は、白人優越主義を法文に明記した。例えば一七九〇年の移民・帰化法は帰化権を白人に限定し、一七九二年には民兵を白人男性に限定することを規定した。

独立戦争直後の奴隷解放

独立戦争が終わった一七八一年の直後、上南部諸州では、奴隷の個人的解放を規制する法律が緩和され、奴隷の解放が増えた。多くの場合、彼らは「万人の平等」理念に従ったというよりは、経済的打算から奴隷を手放した。この地域では、タバコ栽培から小麦栽培への転換が進んだが、小麦生産では、労働力を集中的に必要とする期間が限られており、奴隷を一年中維持するよりは、必要な時に労働者として雇用する方がコストがかからなかったからである。そのため、深南部で綿作農業が発展して奴隷価格が高騰すると、奴隷の個人的解放は影をひそめ、上南部の奴隷主は、奴隷を「増殖」させ、売却して利益を上げるようになった。

北部諸州では独立戦争後、州法によって漸次的奴隷解放が行われたが、多く奴隷を抱えていた中部諸州では解放に長い時間をかけた。そのため中部三州には、一八二〇年になお二万人弱の奴隷がいた。例えばペンシルヴァニアでは、一七八〇年三月一日以前に生まれた奴隷は解放されず、それ以後に生まれた奴隷は二八歳になった後に解放された。

3　南部綿作プランテーションの新たな展開

家族を分断された奴隷の体験

一七八〇年メリーランドで生まれたチャールズ・ボールは、四歳の時に母親はジョージアに、兄弟姉妹はカロライナに売られ、生き別れになった。彼は二五歳の時、別の農場の奴隷との結婚を許され、妻の農場に毎週通ったが、まもなく妻と子供を残してジョージアに売られることになった。

彼は「その男が私のところにやってきた。私の首につけた首輪をつかんで『おまえは俺のものだ。これからジョージアに行く』と言った。その時、私は『出発前に妻と子供に会うことはできないでしょうか』と尋ねた。するとその男は、『向こうに行ってまた別の女を手に入れたらいい』と言って取り合ってくれなかった」と語っている。

鉄の首輪をされ、二人一組にして手錠をかけられ、数珠《じゅず》つなぎに鎖でつながれて、彼らは五〇人ほどの集団でジョージアに向けて歩かされた。

彼は何度か逃亡を試みたが、そのつど捕まり、ジョージアでしばらく暮らした。しかし、再度逃亡し、今度は北部の自由州に逃げ込むことに成功した。そして、彼は、妻と子供の消息を知ろうと、昔住んでいたところに行ってみたが、妻たちがすでに売られてしまっていたこと、自分の逃亡奴隷手配広告が出ていることを知り、慌てて逃げ帰った。

「綿花革命」の推進力

南部では、一九世紀に入り、綿作農業の生産量が爆発的に増えた。チャールズ・ボールが生きたのはちょうどこの時代だった。アメリカの全輸出額に占める綿花輸出の割合は、一八六〇年には五八パーセントに達し（グラフ参照）、その年、全農業従事奴隷人口の七二パーセントが綿作農業に従事していた。綿花栽培は南東部から南西部の肥沃《ひよく》な地域全体に広がり、「綿花は王様」と言われるようになった。

アメリカの輸出総額に占める
綿花輸出の割合

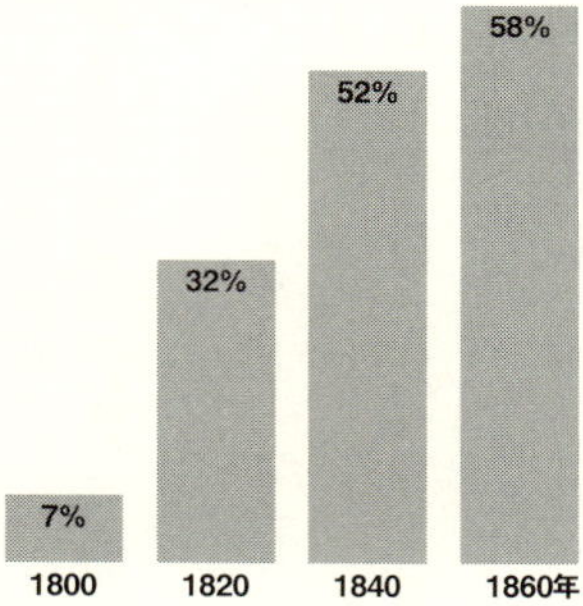

Darlene Clark Hine, William C. Hine, and Stanley Harrold, ***African Americans: A Concise History***, Pearson Education, 2012 を元に作成

綿花が「王様」になりえたのは、イギリスおよび北米の繊維産業での産業革命の進行に伴う綿花需要の継続的増大があったからだが、アメリカ南部には、その需要に応えうる条件が整っていた。

一七九三年にイーライ・ホイットニーが綿繰り機を発明し、綿の種子を取り除く作業が一気に省力化され、また、内陸部でも生産が可能でかつ機械生産に向いている短繊維綿が開発され、綿花栽培可能地域が急激に拡大した。独立革命後、大量の奴隷がアフリカから直接に導入され、一八〇八年奴隷貿易が禁止された後には、上南部で奴隷の余剰が生まれ、綿作地帯に多くが売却された。しかも奴隷人口の「増殖」も順調に進んだ。それでも綿花需要は増加し続け、奴隷の価格は高騰した。例えばニューオーリンズでは、一八三〇年、成人男子奴隷の価格がおよそ一二五〇ドルだったが、一八五〇年には約一八〇〇ドルになっていた。

綿花生産の西部への膨張を可能にしたもう一つの条件は、この地域の先住民の排除を進め、奴隷制の安全保障を確立したことだった。奴隷の逃亡先だったフロリダを一八一九年アメリカがスペインから購入した後、ここにいたセミノール族は、逃げてきた奴隷たちに集落を作って武装することを認め、白人社会との緩衝帯にしていた。アメリカは、これを排除するために一八三五―四二年に大規模なセミノール戦争に挑んだが、その際、アメリカ軍の司令官は「われわれはセミノールとだけでなく黒人とも戦った」と述べた。こうしてセミノールを打ち破り、南の安全保障は確立された。

一八三八―三九年の冬に数千キロに及ぶ西部への移住を強いられたチェロキー族の「涙の旅路」は有名だが、チョクトー、チカソーも含めて、南部の先住民がオクラホマまで追放された後には、黒人奴隷を連れたプランターが殺到した。

暴力、レイプそして家族の分断

奴隷制プランテーションでは、奴隷を最大限働かせるために暴力が日常的に振るわれ、奴隷の衣食住のコストは最小限に抑えられた。しかし、奴隷は搾取できる労働力であると同時に貴重な財産でもあったから、特にその価格が高騰してくると奴隷の健康維持および出産には、それなりの配慮が払われた。一九世紀に入ると、肉体の一部を切断したり殺害したりする懲罰は抑制され、一八三〇年代以後、奴隷居住区の改善、栄養や医療の改善、余暇時間の延長も行われた。

小規模奴隷農場では、奴隷主と奴隷との接触が密で、奴隷主による奴隷に対する温情的関係が育成されやすかった。大規模農場の場合は、重層的生産管理体制に白人監督が雇用され、奴隷の中からリーダーが選ばれた。大規模農場では、家屋の建築・修理、馬車や荷車の修理、家畜の飼育、生産物の梱包《こんぽう》・輸送、料理・家事・育児など、多様な作業がそれぞれ男女奴隷に割り当てられ、奴隷の間に階層秩序が形成された。

黒人奴隷制はまた、性的搾取の制度でもあった。白人男性による黒人女性のレイプを妨げる力はどこにもなく、混血児はあちこちに見られたし、望まない黒人男女を無理やり「掛け合わせて」子供を産ませることもあった。

奴隷主は家族持ちの奴隷の方が従順であることを知っており、奴隷財産を「増殖」させるためにも奴隷の結婚を奨励した。妊娠末期や授乳期の母親の労働は軽減されることが多かった。奴隷人口は一七九〇―一八六〇年の間に約七〇万人から約四〇〇万人に増えた。

また、南部プランテーション奴隷制は、恒常的な西部への移動と奴隷家族の分断を伴う制度だった。一八一〇―六〇年の間に約八〇万人の黒人奴隷が売却され、上南部の黒人奴隷の約半数が家族の分断を経験した。各地に奴隷市場が成立し、競売と長距離輸送は、南部の一般的情景となった。

4　黒人たちの抵抗と奴隷制廃止運動

黒人コミュニティーの文化

奴隷は自らの意思で相手を選んで結婚することが多く、そこには奴隷の主体性が表れた。主人の許可を得て夫は妻と子供を定期的に訪ね、黒人奴隷たちは独自のネットワークを深め広げた。アフリカ式で結婚式が執り行われ、所有者もこれを認めた。教育や文化伝承も次第に奴隷たち自身の領域に含まれるようになり、所有者の介入から相対的に自由な奴隷家族の場が生み出された。家族の支えを失った子供や老人は、「拡大家族」と呼ばれる疑似家族や隣人ネットワークが支えた。

南部奴隷制のもとでは、高度な技能を持つ奴隷が一定数必要で、奴隷主は彼らに依存せざるをえなかった。例えば、米作は西アフリカから持ち込まれた農業であり、奴隷主は米作の経験がある奴隷を尊重する必要があった。また、大工や鍛冶《かじ》、樽《たる》作り、裁縫なども貴重な技術だった。

奴隷主は、農業奴隷を四六時中、商品作物栽培だけに従事させることは困難で、残された時間を、奴隷が消費する食糧の栽培や家畜の飼育、狩猟、漁労、薬草や果実の採集などにあてることを認めた。それは、奴隷主にとっては奴隷維持コストの節約にもなったが、奴隷たちは、自分たちのための自覚的労働によって、技能と知識を身につけ、生活の質を上げるだけでなく、余剰生産物を近隣で販売して金を貯めた。現金の所持は、市場世界での自立の始まりだった。

奴隷たちは、アフリカ伝来の宗教を維持しつつキリスト教を受け入れ、キリスト教を「神のもとでのすべての人間の平等」という教えとして受け止めて、自分たちだけの世界を広げた。奴隷船の白人船員たちは、船底から奴隷たちのコール・アンド・レスポンス（掛け合い）様式の歌が聞こえていたと証言しているが、奴隷たちの音楽と踊りは、異なる部族民同士の共感の輪を生み出す役割を果たした。黒人がキリスト教化されてからは、彼らの生活を反映した賛美歌が歌われた。激しく全身を揺さぶりながら歌う彼らの歌は、家族と切り離され、移動を強いられた悲しみや、労働のつらさ、日常生活の絶望と希望を表現していた。彼らは様々な楽器を作って演奏した。結婚式や葬式、祝日、収穫祭などで人々が集まる際には、音楽と踊りは欠かせなかった。

彼らは、白人の言語を学ぶだけでなく、自分たちの間だけで通じる独自の言語を創出し、アフリカから持ち込んだ民話を北米の地で再創造した。その知恵で弱者が横暴な強者を懲らしめる「オオカミとウサギの話」や、内輪の話を抑圧者に漏らしてしまう少年を戒める「おしゃべり少年とカエルの話」などの民話が再生産された。

奴隷たちは、アフリカ伝来のオクラを使った料理や陶器を作り、南部に定着させた。彼らの伝統医療、薬草についての知識は代々受け継がれ、白人もこれを学んだ。また、奴隷たちは、配給された布地を染色したり、裁縫したりして個性を表現し、花などを使って香水を作りデートの際などに用いた。

奴隷の日常的抵抗と反乱

奴隷たちは様々な形で抵抗した。主人が最も見分けにくい奴隷の抵抗は、「ふり」をすることだった。愚鈍さを装ったり、主人を喜ばせる幸せな表情を装ったりして主人を欺いた。

奴隷主がノルマを引き上げたり、他の農場と比べ厳しい条件を持ち出したりすると、奴隷たちはサボタージュや役畜《えきちく》の虐待、農具の破壊、倉庫・納屋への放火、毒薬の利用などの抵抗に出た。主人の食料は日常的に盗まれた。また、望まない妊娠と出産を強いられた場合、女性は、避妊薬草の使用、意図的な流産などで抵抗した。

短期的逃亡は重要な抵抗形態だった。もちろん懲罰を覚悟せねばならなかったが、例えば、奴隷主による家族の売却を思いとどまらせるためとか、引き裂かれた家族に会いに行くためとか、待遇の引き下げに抗議するなどの意図を持って、一時的に姿を隠した。この逃亡は、特に農繁期には効果的で、奴隷主が譲歩することもあった。

これとは質的に異なる逃亡が、北部の自由州やカナダ、イギリスへの逃亡だった。それは、自由黒人や白人協力者の援助を受けて行われ、「地下鉄道」運動と呼ばれた（四二頁参照）。

北アメリカでの奴隷反乱は、カリブ海域などと比べて比較的少なかったと言われている。しかし、数少ない奴隷反乱の実例からは、それらが国際関係や先住民との関係が不安定な時期に起こっていること、独立革命やフランス革命の理念と結びつけて行動を起こしていること、経験と知識が豊かな指導者がいたことなどがわかる。

一七三九年にサウスカロライナで起こったストノ暴動を指導したのは、コンゴの内戦で拉致されたジェミー・カトーで、二〇人の武装した部下とともにスペイン領フロリダの国境を目指し、農場を焼き払い、奴隷を解放しながら白人と一週間にわたって戦った。ジェミーは、フロリダで、スペインが逃亡奴隷たちに土地を与えて入植させていたことを知っていた。彼はまた、この時チャールストンでマラリアが発生し社会不安が広がっていたこと、そして日曜日の教会礼拝に奴隷主たちが集まることを知っており、その日を蜂起の日に選んだ。

一八一一年のジャーマン・コーストの反乱は、ハイチやキューバ、アフリカの出身者が多い砂糖プランテーション地域の奴隷一五人が始めたものだった。彼らは、プランターの息子を殺害、奴隷を次々と解放して、ニューオーリンズに向けて行進し、反乱奴隷の数は二〇〇―五〇〇人に膨れ上がったが、白人側は武装部隊を動員して彼らの野営地を襲撃し、その多くを殺害した。ハイチ生まれの奴隷監督デスロンデスが首謀者とみなされて殺害された。

一八三一年のナット・ターナーの反乱は、世界各地に知られた奴隷反乱だった。ナット・ターナーは読み書きができ、聖書を読み、奴隷たちに「預言者」と呼ばれていた。彼は、全能の神が自分に使命を与えたと確信し、蜂起を計画し、約七〇人の黒人部隊で白人約六〇人を殺害した。武装蜂起は二日以内に鎮圧され、四五人の奴隷が裁判にかけられ、一八人が絞首刑に処された。この反乱は全南部奴隷制社会を震撼《しんかん》させ、奴隷に対する読み書き教育の禁止の徹底など、奴隷制再強化のための対策が次々と打たれた。ちょうどこの時期には、英領カリブ海域植民地で大規模な黒人奴隷反乱が頻発し、一八三三年にはイギリス議会は奴隷制を廃止した。

自由黒人共同体の確立と差別

奴隷制時代、黒人がすべて奴隷だったわけではない。様々な経緯で奴隷身分から解放された黒人は、自由な白人とは区別されて「自由黒人」と呼ばれていた。自由黒人は植民地時代から常に存在し、その人数は増え続け、全黒人人口の一〇パーセントを超えるようになった。深南部では自由黒人は少なく、大半は奴隷主が奴隷に産ませた子供で、多くが都市に居住し、上南部では、農村で奴隷と隣接しながら暮らす自由黒人が多く、再奴隷化の危険に直面しつつ生活していた。北部では、ボストンの「ニッガー・ヒル」、シンシナティの「リトル・アフリカ」、ニューヨークの「ファイブ・ポインツ」などそれなりの規模の自由黒人居住区ができていた。環境は悪かったが、彼らは、ここで自分たちの教会や学校を設立した。

一八三〇年代以後、アイルランドからの移民が急増し、彼らは北部都市の労働市場の最底辺に流入したから、自由黒人との接触が多く、まもなく両者は、競争と対立の関係を激化させた。こうして、移民労働者が黒人を排撃することによって「白人」になっていくアメリカの労働者階級の歴史が始まった。

北部の黒人は、黒人を顧客とする職種か、白人が好まない危険で厳しい職域に押し込められた。一八五〇年代、アメリカの商船と捕鯨船の乗組員の少なくとも四分の一以上は黒人だった。彼らが南部の港に上陸し、奴隷たちと関わりを持つことは、奴隷主にとっては厄介なことだった。彼らはしばしば奴隷の逃亡の手助けをした。

北部都市の黒人教会は、黒人コミュニティーの中核的組織だった。ビジネスマンや医師、法律家、作家など黒人エリート層も形成され、ヨーロッパやアフリカを含む大西洋岸の港湾都市に上陸した黒人船員からの情報がこのエリート集団によって消化され、黒人社会の英知がここに集結した。

北部では、多くのホテル、酒場、リゾートは黒人を受け入れず、劇場や教会に入場できた場合でも席は隔離されていた。乗合馬車は白人が乗っていない時にしか乗車できなかったが、鉄道が普及した一八三〇年代には人種別車両が現れた。北部には様々な法律によって州内への黒人の流入を規制する州が多く、また参政権や陪審権を黒人に与えた州は例外的だった。

奴隷制廃止運動の展開

アメリカで奴隷制廃止運動が本格的に展開されるようになったのは、一九世紀に入ってからのことだった。最も早く奴隷制廃止の声を上げたのはクエーカー教徒で、一七七五年には彼らによって世界最初の反奴隷制協会が設立された。しかし、当時の奴隷制反対論者たちは私有財産権を否定できず、有償奴隷解放と奴隷主による個人的奴隷解放を説いていた。

一八一六年には有力白人によってアメリカ植民協会が組織され、一八二一年、自由黒人を移住させるため、西アフリカの現在のリベリアにあたる土地を現地の族長から獲得した。彼らは、自由黒人の存在を恐れる奴隷主の声を反映していた。

一八二七年、最初の黒人新聞『フリーダムズ・ジャーナル』は植民計画への反対を表明し、一八二九年に『世界の黒人市民への訴え』を発表したデイヴィッド・ウォーカーは、「さんざん黒人の血と涙を搾り取って豊かになった連中は、われわれをこの国から追い出そうとしている」と糾弾した。一八三〇年、アメリカ自由黒人協会は「この国を切り開いてきたのは自分たちであり、自分たちの故郷はアフリカではなく、アメリカである」と主張した。

奴隷制廃止運動は、一八二〇年代以後、第二次大覚醒運動の中で飛躍を遂げた。市場革命がもたらした競争社会の道徳的荒廃や社会問題に対処しようとするこのキリスト教福音主義運動は、飲酒や売春、ギャンブル、決闘の禁止、女性の地位向上と並んで、奴隷制廃止を取り上げた。彼らは、モーゼの教え「神は自分以外の者を絶対者として崇《あが》めてはならないと申された」を根拠に、奴隷主が奴隷に対して自らを「絶対者」として崇めさせること、すなわち「人間が人間を所有すること」は、神の教えに反する行為であると主張したのである。こうして奴隷制廃止運動の担い手たちは私有財産としての奴隷所有権の論理から解放されることになった。

一八三三年、イギリスの反奴隷制協会で即時奴隷制廃止が決議され、これに続いて翌年、奴隷制即時無償廃止を掲げるアメリカ奴隷制反対協会が設立された。この運動を指導したのは、白人ウィリアム・ロイド・ギャリソンだった。

各地のアメリカ奴隷制反対協会は、パンフレットを作成したり、各地で講演会を開催したりして世論を喚起し、活動家を養成した。自由州に逃亡した黒人奴隷が自らの経験を語り、新聞に掲載されたり、本として出版されたりした。雄弁な語り部から運動に入り、指導者になった元奴隷フレデリック・ダグラスは、一八四五年に最初の自伝（邦題『数奇なる奴隷の半生』）を出版した。奴隷制の害悪と女性への抑圧について講演して回ったソジャーナー・トルースも、一八五〇年『ソジャナー・トルースの語り』を出版した。白人主人から性関係を迫られ、長いこと奴隷小屋の屋根裏に隠れていてついに北部に逃亡したハリエット・ジェイコブズの経験は、一八六一年『ある奴隷少女の物語』（邦題『ハリエット・ジェイコブズ自伝』）として出版された。

しかし、奴隷制廃止運動の中には深刻な対立があった。それは女性がこの運動で男性と平等に政策決定に参加することに反対する者と、認めるべきだとする者との対立だった。当時のアメリカ社会では、女性が集会で演説したり、運動団体の役員に就いたりすることを受け入れない男性が多数いたのである。一八四〇年、アメリカ奴隷制反対協会の役員に女性アビー・ケリーが選出された時、会長だったアーサー・タッパンはこれに抗議して協会を脱退し、別組織を立ち上げた。

運動内部には、そのほかにも様々な対立があったが、どんな意見を持っていようとも奴隷制廃止運動は激しい敵意に直面した。ボストンでギャリソンの演説会が襲われたのをはじめ、反奴隷制を掲げる新聞社が襲撃され、編集者エライジャ・P・ラヴジョイが殺害されるという事件も起きた。

「地下鉄道」運動の展開

このような緊迫した状況の中、組織的な逃亡奴隷支援である「地下鉄道」運動の維持・拡大のために、多くの活動家が身の危険を冒して南部に出かけていった。それは奴隷に希望を与え、奴隷制の動揺を導いた。奴隷を救出する運動は、一八一〇年代末、オハイオ州で始まったと言われている。この「地下鉄道」には、「駅（隠れ家）」「車掌（道案内）」「輸送手段（馬車など）」が準備され、それを維持するために協力者と資金が集められた。

逃亡には様々な知恵が働かされた。出発には土曜の夜が選ばれた。月曜日までは逃亡奴隷手配広告を載せる新聞が発行されないからである。色の白い黒人が黒い黒人を召使いとして連れているふりをしたり、深夜、森の中を歩く際には、樹木の苔《こけ》の付き方で方向を確認したり、箱で汽車に載せられ貨物として運ばれたりした。文字が読めないのに新聞を読むふりをして危機を脱した者もいた。屋外に干すキルトの図柄で逃亡者に情報を伝えたという説もある。もちろん、彼らの歌も秘密のメッセージを伝えた。

逃亡奴隷とその協力者は生命の危険を覚悟せねばならなかった。中でも自ら逃亡してのちに家族を救出することから活動を始めた黒人女性ハリエット・タブマンは、強い意志と機転を利かせた作戦で多くの奴隷を救出した。彼女は、一〇回以上の奴隷救出作戦を展開し、約七〇人を救出して、「黒い女モーゼ」と呼ばれた。全体として、南北戦争前までに七万―一〇万人が北部に脱出したと推定されている。

「積極善」としての奴隷制擁護論

奴隷制廃止運動の展開に直面した奴隷制擁護論者は様々な論拠を挙げて、この制度を正当化しようとした。彼らは、北部の労働者の悲惨な状態を挙げ、「自由労働は不可避的に階級闘争を引き起こし、社会的分裂、ラディカリズム、利己的個人主義を生み出す」と主張した。聖書を用いて「神に選ばれた民、古代ヘブライ人は奴隷を所有し、イエスは奴隷制を非難しなかった」と奴隷制を擁護する者もいた。また、奴隷と主人の関係を家族内の温情的関係と同列に論じる次のような議論もあった。その議論によれば、「この共和政国家では、公的領域で白人男性家長は平等な政治参加が保障されている。彼に参政権が与えられるのは、家族という私的な領域で被保護者を管理し、彼らに対して責任を負える独立人だからである」というのである。当時「家族における支配と従属の関係は神が定めた絶対的な秩序である」と多くの人々は信じており、その秩序の中に奴隷制を位置づけてこれを合理化したのである。

5　南部の合衆国離脱へ

南北対立の始まり

一七八七年の北西部領地条例に示されているように、アメリカ合衆国は当初から奴隷州と自由州、すなわち南部と北部の共存のもとに、相互に独自に発展してきた。そして南部と北部の関係は時代とともに変化してきた。南部と北部は、当初はむしろ相互依存的関係にあった。南部の綿花は多額の外貨をもたらし、東部の銀行業を活性化させて西部開拓の資金となった。そして西部の農業は、ミシシッピ川を利用して、農産物を輸送し、南部にも食料を供給していた。一八二〇年には、北西部領地条例で定めた範囲の外に位置するミズーリ州を連邦に奴隷州として受け入れ、マサチューセッツ州からメイン州を分離して自由州を一つ増やす「ミズーリの妥協」が成立するなど、南北の妥協がまだ可能だった。

しかし、まもなく両者の対立的側面が目立つようになった。一八二五年のエリー運河の開通は、鉄道・運河など輸送手段の発展を象徴する出来事だったが、北西部の農民は、輸送路の拡充によって、遠方の市場をあてにした商業的農業に転換し、多数の役畜を用い大型耕作機や刈り取り機を使って生産を拡大した。東部と西部を結ぶ鉄道が次々と建設され、これまで蒸気船を使って南部への物資の輸送を行ってきた北西部農民は鉄道に転じ、東部市場との結びつきを強めた。東部と五大湖付近では、産業革命が進み、移民を受け入れ、北西部の農産物市場は拡大した。西部の白人農民は、自由農民による一層の西部開拓を望み、東部の産業資本は鉄道や運河の建設を進め、国内産業を保護する高関税政策を主張するようになった。

これに対して、南部は綿花生産を拡大し、一八五〇年代には世界の綿花供給の四分の三を占めるようになった。しかし、綿花栽培には克服しがたい弱点があった。単一商品作物は、市場の動向に柔軟に対応することができず、しかもその土壌略奪的農業は枯渇した農地を背後に残して移動し続けねばならなかった。そのためには西部への奴隷制の無制限の拡大が必要だった。彼らは税金で鉄道や運河の建設などの国内開発を進めることには消極的で、安価な輸入品の確保と制限のない農作物輸出を保障する自由貿易政策を主張した。

対メキシコ戦争と自由土地党の結成

このような状況の中、一八二一年に隣国メキシコが独立したが、メキシコ領テキサスにはアメリカ人が次々と入植し、一八三六年にテキサス共和国を樹立した。そして、一八四四年の大統領選挙でテキサスの併合を主張する民主党のジェイムズ・ポークが当選すると、議会は奴隷州としてテキサスを合衆国に併合することを決議した。ポークはメキシコとの国境地帯に軍を進め、メキシコ軍がこれに抗議し、武力行使に出たことを口実に、メキシコに軍事侵攻し、一八四八年二月にこれを降伏させた。こうしてアメリカはテキサスを併合し、メキシコからカリフォルニアなどを割譲させた。

この戦争のさなか、この戦争によって獲得される領土での奴隷制を禁止する法案が提出され、下院では、北部議員の大多数の支持を受け成立したが、上院では、否決された。この立法運動の中から北西部白人農民の声を受けて一八四八年、自由土地党が結成された。彼らは、北西部領土でのこれ以上の奴隷制の膨張に反対し、北西部の土地は白人のための自由な土地として確保しておくべきだと主張した。自由土地党は、この年の大統領選挙で北部の投票数の一四パーセントを獲得した。

自由州における奴隷狩りとの衝突

一八五〇年、カリフォルニアを自由州として連邦に参加させることが提案されると、議会はひとまず「一八五〇年の妥協」と呼ばれる政策を承認した。それは、カリフォルニアを自由州として認め、首都ワシントンでの奴隷交易を禁止し、テキサスとカリフォルニアの間の領地については奴隷制の扱いを当面保留し、憲法第四条第二節に基づいて一七九三年に制定された逃亡奴隷法を実効あるものに強化する、というものだった。

しかし、この逃亡奴隷取り締まり強化法は南北の対立をさらに激化させた。この法律は、逃亡奴隷容疑者を裁判なしに奴隷主に引き渡す権限を連邦保安官に与えるというものだった。地元の陪審裁判に任せれば、ほとんどが無罪となり釈放されてしまうからである。

各地で衝突が起こった。一八五〇年、ボストンに逃亡していたクラフト夫妻を追ってジョージアから奴隷捕獲人が到着した時、ボストン市民は、「人狩りがこの町に来ている」とのポスターを各所に掲示し、彼らを撃退し、クラフト夫妻をイギリスに逃した。一八五一年初頭には、この町で捕まった逃亡奴隷のシャドラックをボストン市民が救い出し、カナダに逃した。実力行使をした四人の白人と四人の黒人が告発されたが、地元の陪審員は彼らを無罪と評決し、彼らは釈放された。ペンシルヴァニアの小さな町クリスティアーナでは、連邦保安官と奴隷狩りの一行が、二五人の黒人と数人の白人の武装部隊と衝突し、奴隷主が殺され、二人の奴隷はカナダに逃げることに成功した。この事件に関連して連邦政府は、三六人の黒人と五人の白人を逮捕したが、地元の裁判で彼らも無罪となった。

しかし抵抗が成功しなかった事例も多かった。一八五四年、ボストンに逃亡していたアンソニー・バーンズが捕えられた時、廃止主義者がこれを襲撃し保安官一人が死亡した。しかし、連邦軍の護衛のもと、バーンズはヴァージニアに向かう船に乗せられた。

このような騒動は、これまで奴隷制を遠いところの出来事と考えていた多くの北部白人を目覚めさせた。またこの時期に出版されたハリエット・ビーチャー・ストウの『アンクル・トムの小屋』は、ベストセラーとなり、黒人奴隷制の非人間性を広く北部の白人社会に知らせ、世論を変える大きな力となった。

高まる南北間の緊張

一八五四年、民主党上院議員スティーヴン・A・ダグラスが提案したカンザス・ネブラスカ法は、準州を州に昇格させる際に「奴隷制か自由か」を従来のように議会が決めるのではなく、住民が決める「住民自治」の原則を導入するものだった。これは北部にも奴隷制を導入する可能性を開くもので、北部の民主党議員の約半数が反対票を投じた。そして、この年、当時の二大政党(民主党とウィッグ党)をそれぞれ分裂させて、これ以上の奴隷制拡大に反対し国内開発と保護関税を求める共和党が結成された。

カンザス・ネブラスカ法の成立直後から、カンザスには奴隷制擁護派と自由土地派が殺到し、武力衝突が始まり、一八五六年には二〇〇人もの死者が出た。そして、この年の大統領選挙では共和党が、北部で三分の二の選挙人を獲得して、一挙に二大政党の一角にのし上がった。

一八五七年には、奴隷制に関する憲法解釈に決着をつける最高裁判所の判決が出された。自由準州ウィスコンシンに着任した軍医ジョン・エマーソンに同行した黒人奴隷ドレッド・スコットが、奴隷州ミズーリに帰った後、一八四六年に自由を申し立て、その裁判が最高裁判所にまで上訴されていたのである。

その判決は「スコットは黒人であり、アメリカ市民ではないから提訴する権利がない。自由州でも奴隷所有者の財産権は侵害されない。合衆国憲法は奴隷制を認めており、連邦議会には奴隷制を禁止する権限はない。それゆえ、北西部領地条例、ミズーリの妥協、カンザス・ネブラスカ法はすべて憲法違反である」と断じた。

一八五八年の中間選挙では、イリノイ州の上院議員選挙で民主党のスティーヴン・ダグラスと共和党のエイブラハム・リンカンが、奴隷制をめぐって公開論戦を繰り返した。この論戦でダグラスは、リンカンに問い詰められて「自由とは、地方自治、個人の自決を意味するのであり、もし住民が望まないのであれば、奴隷制に保護を与えなければよいのだ」と述べ、ドレッド・スコット判決を否定して、カンザスでの奴隷制禁止の可能性を許容してしまった。そのため彼は南部民主党から決定的に見放されることになった。

南北戦争の勃発

深南部の奴隷主階級は、一八五〇年代後半の奴隷価格の高騰によって、次の世代に奴隷を十分相続できなくなったばかりか、白人小農民に奴隷所有者になる展望を与えることができなくなっていた。彼らは、このまま連邦にとどまっていれば、共和党が南部の白人小農民に支持を求め、南部奴隷制は維持できなくなると不安に感じていた。

そして少なくない有力指導者が、連邦から南部を離脱させ、カリブ海域や中米への進出を通じて、奴隷制共和国を再組織しようと考え、中にはすでに国外で動き始めていた者もいた。それゆえ彼らには、もはやダグラスのような妥協策を受け入れる余地がなかった。こうして、一八六〇年大統領選挙の民主党大統領候補指名大会では、南部七州が大統領候補者ダグラスと袂を分かち、大会から退出して独自の候補者を擁立したのである。南部奴隷主階級は、この時すでに連邦からの離脱を覚悟していた。そのような脈絡で考えれば、一一月の本選挙でリンカンが当選した直後から、南部七州が連邦を離脱して南部連合政府を樹立したことは、ごく自然な成り行きだった。

リンカンは就任まもなく、南部連合軍に包囲され陥落寸前の連邦軍サムター要塞に救援物資を送ると宣言し、南部連合軍はこれを合図に一八六一年四月一二日、砲撃を開始した。こうして日本では「南北戦争」と呼ばれている内戦の火ぶたが切られた。

第二章　南北戦争から「どん底」の時代へ（一八六一―一九二九年）

1　内戦と再建の時代

連邦統一のための戦争

一八六一年四月一二日、内戦が始まると同時に、上南部四州が新たに南部連合に加わり、南部の残りの四州（「境界州」）は連邦にとどまった（次頁の地図参照）。軍事的な潜在力では、北部の方が南部よりはるかに強力だった。北軍には二〇〇万人、南軍には九〇万人が従軍し、連邦の人口は二二〇〇万人、南部連合のそれは九〇〇万人、生産物価格は北部が南部の一〇倍、鉄道距離は二・三倍、保有武器は三二倍だった。

南部の利点は、職業軍人の多くが南部出身で早くから準備を始めていたこと、イギリス経済が南部の綿花に大きく依存していたので、イギリスの支援を期待できることなどだった。しかし、南部は海外からの補給なしには生活物資や武器の調達が困難だっただけでなく、人口の三八パーセントを奴隷が占めているという深刻な弱点があった。他方、北部は、内部に

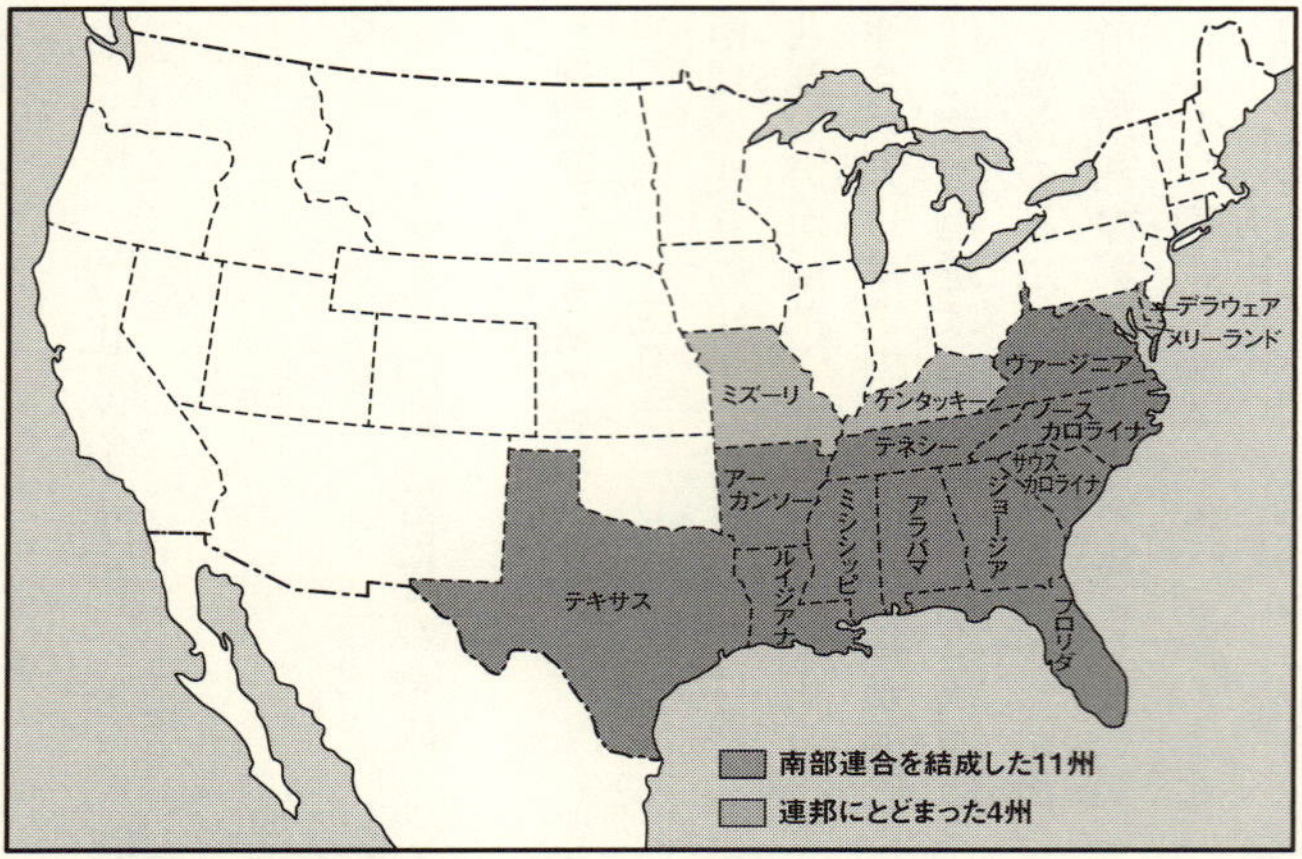

南北戦争開戦時の南部諸州の動向

戦争に批判的な民主党を抱えていたし、連邦維持のためには、南部全域を制圧せねばならないという困難を抱えていた。

連邦軍は、まず南部の国際港を封鎖し、ここを占領した。リンカンは、境界州を敵に回さず、イギリスの介入を避けつつ、連邦の統一を守ることをこの戦争の基本目標に据えた。一八六二年八月、彼は「私のこの戦争の至上目的は連邦を救うことであって、奴隷制を救うことでも破壊することでもありません。私は、奴隷を一人も解放しなくても連邦を救えるならそうするし、奴隷を解放することによって連邦を救えるならそうするでしょう」と述べた。

黒人指導者フレデリック・ダグラスは、「この戦争は必然的に奴隷制に対する戦争になる」として開戦を歓迎した。しかし政府は当初、黒人の入隊を拒絶した。シンシナティーでは、警察官が黒人志願兵申込所を襲って「この戦争は白人の戦争だ」として星条旗を奪って持ち去った。

連邦軍は逃げてきた奴隷を初めは元の所有者に返還したが、開戦一ヶ月後、連邦軍モンロー要塞に南軍の奴隷が逃げ込んでくると、この要塞の司令官バトラー将軍は、彼らが反乱軍の戦力として使用される可能性があるとして、その返却を拒否した。続いて、二人の北軍将軍が占領した管轄地域の奴隷解放を宣言し、リンカンはそれを直ちに撤回させたが、戦場での事実上の奴隷解放はすでに食い止められなかった。

連邦軍はまもなく黒人を受け入れ始め、合計約四〇万人が連邦軍に入った。それ以外にも多くの黒人が自発的に連邦軍に協力した。黒人奴隷ロバート・スモールズは、南軍水兵が上陸している隙に、チャールストン港に停泊中の南軍船を奪い出航させた。彼は手信号で偽の合図を発信して南軍要塞の脇をすり抜け、連邦海軍に投降した。ハリエット・タブマンは、サウスカロライナに出かけて約八〇〇人の奴隷を解放した。また、ある南軍の洗濯婦は、洗濯物の干し方で連邦軍の料理人だった夫に情報を伝えた。

連邦軍は当初、敗北と後退を続けていたが、リンカンは軍指導部を叱咤《しった》して、両軍が正面から激突する大きな戦闘で勝利を挙げるよう命じた。そして連邦軍はようやく一八六二年九月一七日、アンティエータムで南軍主力軍を初めて打ち破った。

奴隷解放の戦争とその終結

その五日後の九月二二日、リンカンは「来年の一月一日に反乱状態にある地域の奴隷はすべて解放する」と奴隷解放予備宣言を発した。この宣言は、境界州の奴隷制には手をつけず、この日までに反乱をやめれば、その地域の奴隷制にも手をつけないと約束した。しかし、この日までに南軍は降伏せず、一八六三年一月一日、リンカンが奴隷解放を宣言し、この戦争は奴隷を解放する戦争に変わった。

北部民主党は奴隷解放宣言に反対し、もし奴隷が解放されれば、黒人が北部に殺到し、仕事を奪うだろうと白人労働者を脅した。貧しい移民は、金を支払えば回避できる徴兵制に反発し、一八六三年七月には、ニューヨークで反徴兵・反黒人暴動を起こし、一〇〇人以上の黒人を殺害した。

奴隷解放宣言は、南部社会の基盤を揺さぶり、イギリスの介入を阻止することを狙ったものだった。イギリス政府は、親南部的姿勢を示してきたが、南部連合の支援要請には態度を保留していた。イギリスは、北部にも投資し、北部の農産物も輸入していたうえに、エジプトやインドからの綿花輸入を増やしていた。また、すでに植民地奴隷制を廃止していたイギリスが、奴隷制擁護を掲げている南部を支持することには世論の反発が予想された。しかも戦況が南部に有利に動く気配はなかった。こうして奴隷解放宣言が出されると、イギリスの南軍支援は、彼らの選択肢から外された。

連邦軍に逃げ込む黒人たち　騾馬を盗み，家財道具一式を荷車に積んでいる．Steven Hahn, *A Nation Under Our Feet: Black Political Struggles in the Rural South from Slavery to the Great Migration*, The Belknap Press of Harvard University Press, 2003 より

奴隷の逃亡が広がり、家族が再会し、黒人の教会や学校が姿を現した。騾馬《らば》を盗んで家財道具一式を荷車に積み込み、連邦軍に逃げ込む黒人が増えた。ウィリアム・シャーマン将軍の六万の部隊は、一八六四年九月、アトランタから南東海岸に向けて焦土作戦に出発したが、その後ろに一万人の黒人難民がついていった。シャーマン将軍は、一八六五年一月、戦場命令を発し、深南部大西洋岸沿いの幅五〇キロの地域を黒人たちに開放し、各家族に四〇エーカーの土地と騾馬一頭を支給することにした。

南軍の抵抗は予想以上に激しいものだったが、ついに一八六五年四月九日、南軍ロバート・E・リー将軍は北軍ユリシーズ・グラント将軍のもとに降伏した。

こうして南北双方合計六〇万の死者を出した四年にわたる内戦が終わった。リンカンが暗殺されたのは、その五日後、四月一四日の夜だった。

南部再建の「革命」

降伏した南部の連邦復帰については、南部には連邦を離脱する権利は元来なかったので、連邦にとどまっていると判断し、南北戦争は合衆国内の一部の分子による反乱鎮圧のための戦争だと理解すべきであり、この反乱の鎮圧とその後の処理に関する権限は大統領にあるとする考え方と、南部はすでに連邦を離脱してしまったのだから、その地域は新領土であり、その連邦への編入審査の権限は連邦議会にあるとする考え方があった。

リンカン暗殺後、副大統領で南部離脱州テネシー州出身の民主党員アンドルー・ジョンソンが大統領に昇格した。彼が次の選挙で勝つためには、どうしても南部の支持が必要であり、そのために彼は、次のような政策を取った。まず彼は、大統領権限を発揮して、連邦への忠誠を誓うすべての南部人の奴隷以外の財産権と市民権を回復させたうえで、そこから二万ドル以上の資産を持つ元南部連合指導者を除外した。そして、個人的に請願に来た元南部連合指導者に次々と特赦を与えて恩を売り、彼らを南部の政界に復帰させて自分の支持基盤にしようとしたのである。そのうえで、彼は各州に臨時総督を任命し、黒人を排除して州政府を「再建」させ、「議員」を一二月開会の連邦議会に送らせた。

議会が開会されると、連邦議会は、南部の「議員」の着席を拒否し、彼らの資格審査を始めた。そのために議会は、南部の状態を調査し、再建の道を検討する上下両院合同委員会を組織した。北部民衆は、南部が敗北を受け入れず、反抗的な態度を取り続けていることを知って反発し、その世論の後押しを受けて共和党急進派がこの合同委員会の主導権を握った。

ジョンソン大統領が黒人に市民権を与える公民権法を拒否し、元奴隷主擁護の立場を鮮明にしたために、ためらっていた共和党穏健派も急進派と手を組み、議会は一八六七年に、黒人に参政権を与える再建諸法を大統領の拒否を乗り越えて成立させた。この法律によって合同委員会は、連邦軍による反乱州の占領継続と元南部連合政府指導者の参政権剝奪、黒人への参政権付与（ただし男性成人のみ）を条件として、各州で選挙を行わせた。多くの元奴隷が選挙に参加し、それは南部に「革命」をもたらした。

連邦議会は、奴隷制を廃止する憲法修正第一三条、すべての市民に市民権を保障する憲法修正第一四条、そして参政権を保障する憲法修正第一五条をそれぞれ提案し、いずれも四分の三以上の州の支持を得てこれらの憲法修正は批准された。これらの憲法修正はこの時代の「革命」を象徴するものだった。

この革命によって、まず、約四〇〇万人の奴隷財産が無償で廃棄された。とはいえ、奴隷たちの何世代にもわたる無償の労働に対しては何の補償も与えられず、黒人たちが自立して生きていくのに必要な土地と役畜は元奴隷主の手に残った。黒人たちは「自由以外に何もなし」で放り出された。奴隷制の加害者の財産が保護され、その被害者は束縛から解放されたが、放置されたのである。

黒人にとってのもう一つの革命は、市民としての権利を与えられ、家族が法的に認められたことである。家族を基礎にして黒人たちが、黒人教会や黒人学校を運営できるようになり、自立的黒人コミュニティーの基礎が確立された。黒人の間の識字率は急上昇した。

さらに、黒人たちは少なくともしばらくの間、参政権を手に入れた。黒人たちは、元奴隷主が支持する民主党とは反対の共和党の候補に投票した。こうして南部各州政府を握った共和党は、公教育制度や精神病院、病院・保健所の建設、刑務所での体罰の禁止などの改革を進めた。この時代に議員や公職者に黒人も多数選出されたこと、そしてそこで様々な法律を制定し政治を担ったことは、黒人にとっては貴重な歴史的経験だった。

南部各州の共和党政権の崩壊

しかし当時、黒人たちにとって最も重要だったことは、自分たちの身の安全を保障することだった。フロリダの黒人指導者エマニュエル・フォーチュンは、連邦議会で「白人たちは、黒人が保安官、治安判事、陪審員、学校監督官になることを、『黒人支配』だと呼んでひどく憤慨し、『共和党の奴らにそうはさせない』と言っています。私は殺されるだろうと言われています」と証言している。

当時南部では、経済的にも軍事的にも情報の点でも元奴隷主が圧倒的に勝っており、連邦軍は広大な地域に少人数が配置されていただけであり、黒人を守る力にはほとんどならなかった。戦後の経済破《は》綻《たん》の中で共和党州政府には十分な財源がなく、独自の軍事力もなかったから、元奴隷主勢力は、税の不払い同盟やクー・クラックス・クラン（ＫＫＫ）などの武装組織を結成して、共和党州政府を攻撃した。

白人武装集団が第一の標的としたのは、地元の黒人指導者だった。彼らは黒人コミュニティーの情報網の結び目になっており、彼らを抹殺してしまえば、黒人を分断し、白人による暴力的監視脅迫体制のもとに置くことができたからである。選挙のたびに民主党の武装集団による暴力や選挙不正が横行し、共和党は次々と敗北した。南部では、一八六八年から一八七六年までに白人武装集団は白人共和党員を含め約二万人を殺害した。それはまさに「内乱」だった。

騾馬に乗って任務に就く黒人保安官　Steven Hahn, *A Nation Under Our Feet: Black Political Struggles in the Rural South from Slavery to the Great Migration*, The Belknap Press of Harvard University Press, 2003 より

そして、一八七六年の大統領選挙では、南部三州で両党が勝利を宣言し、混乱の中で一八七七年の就任式直前に「一八七七年の妥協」が成立した。その結果、民主党が共和党ラ

ザフォード・B・ヘイズの当選を認める代わりに、共和党は連邦軍を南部から撤退させ、係争州を民主党に任せることを確約した。こうして南部各州の共和党政権はすべて崩壊した。

北部の共和党が南部の黒人を見捨てたのにはわけがあった。一八七三年世界恐慌の直後の一八七四年の選挙で民主党が下院の過半数を握ったため、共和党は、北部白人有権者の多数派を獲得することを最優先せざるをえなくなった。彼らは経済開発のための政策を重視し、投資環境の安定のために旧白人支配層による南部の安定的支配を求めて南部白人支配層と連合し、黒人を見捨てる道を選んだのである。

こうして黒人にとっては、まさに「どん底」の時代が始まった。

2 「どん底」の時代

経済成長下の労働者・農民

南北戦争から二〇世紀の初頭まで、アメリカの工業生産は急成長し、一八八〇年には世界第一位になり、一九一三年には全世界の三分の一を占めるまでに膨張していた。またアメリカの穀物農業の急激な生産拡大は、国際市場価格を押し下げ、アメリカの農民自身を苦しめ、ヨーロッパ農業にも大きな打撃を与えた。アメリカでは農地を失って都市に流れ込む者が増え、ヨーロッパからの移民も急増した。

その過程で、「独占」が顕著となり、大企業の政治支配への批判が強まった。大企業家が巨万の富を蓄え、労働者は危険で長時間の労働と低賃金を強いられ、農民は世界市場の荒波を受けて負債を膨らませていた。一八八〇年代には、労働騎士団が黒人や女性、不熟練を含む労働者を組織し、各地で闘ったが、一八八六年シカゴでのヘイマーケット爆弾事件をきっかけに急速に衰退し、それに代わって黒人や女性を排除し、熟練白人男性労働者を職種別に組織したアメリカ労働総同盟（AFL）が労働運動の主流となった。テキサスで始まった農民同盟は、一八九〇年代に全国に広まり、共同販売・共同融資運動を進めた。指導者トム・ワトソンは、白人と黒人の聴衆に向かって「あなた方は分裂させられ、それぞれが別々に稼ぎをだまし取られているのです」と語りかけ、白人と黒人の協同の必要性を説いた。農民同盟は、価格低迷期に政府が市場から一時的に農産物を引き上げ、それを担保に農民に融資する政策を求めて一八九二年にポピュリスト党を結成した。しかし一八九六年、民主党と相乗りして大統領選挙を闘い敗北すると、この運動はまもなく分解してしまった。

「不自由」な労働制度の定着

解放された黒人たちは「自由以外に何もなし」の状態で南部の荒野に立たされ、元奴隷主は黒人たちをプランテーションに引き戻そうと脅しつけ、連邦政府は地主との「自由労働契約」を黒人たちに迫った。ところが、黒人たちは、これまでの無償労働に対する補償「四〇エーカーの土地と一頭の騾馬」の給付を期待して容易には契約に応じなかった。

とはいえ、まもなく綿作地帯とタバコ栽培地帯では、シェアクロッピング小作制度が定着するようになった。この小作制度のもとでは、黒人は、各人が地主の監督下で賃金労働に従事するのではなく、家長を中心に家族単位の小作契約を結び、年度末に生産物を地主と折半した。小作農は、土地のほかに家屋や役畜、農具、生活必需品を地主や商人から借りなければならなかった。彼らには担保物件がなく、秋に収穫される作物を抵当にして前借りをする以外になかったから、貸主は、小作農が栽培する作物として換金作物を指定することができ、農作業への監督権と、多くの場合、作物の保有権と販売権も手に入れた。

年度末の決済では、総収入から小作料が差し引かれ、さらに前貸し価格に利子を加えた金額が差し引かれた。決算がマイナスになると、小作農は翌年、貸主の許可なしに他の農場に移ることはできなかった。支給される前貸し物資の価格は恣意《しい》的に設定され、その配給記録は、文字の読めない黒人には無意味だったし、もし万が一、黒人側が記録を取っていて異議を申し立てたりすれば、暴力的報復が待っていた。そのため、黒人小作農にとっては、前貸しは事実上、労働に対する評価を反映した慈悲に基づく支払いだった。

それでも黒人農民の中には、材木の切り出しや製材所、鉄道建設現場での労働で現金を得て、役畜を手に入れ、それを担保にして地主の干渉を減らし、菜園耕作や家畜飼育によって前貸しに頼らない農業を営む者もいた。一八八五年に生まれたアラバマの黒人農民ネッド・

コッブは、かご編み、薪割り、製材所での労働などで金を稼ぎ、一九一〇年、一〇〇ドルで騾馬を買って、自立の道を歩み始めた。

戦後、南部には移民はほとんど来なかったので、炭鉱、林業、鉄道、道路建設などの労働力が不足し、多くの黒人囚人が使役された。

憲法修正第一三条は、「奴隷および本人の意に反する労役は、犯罪に対する刑罰として当事者が適法に宣告を受けた場合を除き、……存在してはならない」とし、受刑者の「本人の意に反する労働」を認めていた。南部農村では、反抗的な黒人を犯罪者に仕立て上げ、長期刑を課すことは容易で、彼らは囚人として企業に貸し出され、政府は収入を得て、企業は囚人労働によって収益を上げた。私有財産ではなかった囚人を大事にする理由はなく、彼らは残酷な懲罰を受けながら危険な条件下、限界まで働かされたため、彼らの死亡率は他の地域の同じ産業での労働者の死亡率の一〇倍をほとんど常に超えていた。

黒人たちは囚人労働を恐れ、日ごろから白人支配層に対して従順に振る舞わねばならず、この囚人労働制度は、南部社会の社会統制システムとして機能していた。

人種隔離と参政権の剝奪

南部では南北戦争後、人種隔離が慣行として広がり、まもなく、法律によって生活のほとんどあらゆる分野で強制されるようになった。

一八七五年公民権法は、教会、墓地、学校を除く、公共の場での人種隔離を禁止したが、一八八三年、最高裁判所は「憲法修正第一四条は、州政府による差別を禁止したものであり、私人による行為を連邦政府が禁止する権限はない」と断じた。

さらに、一八九六年のプレッシー対ファーガソン裁判の判決は、「憲法修正第一四条は、肌の色に基づく差異をなくしたり、……二つの人種を無理やり混合させたりすることを意図したものではなかった」のだから、「平等なサービスが提供されれば、州政府が分離された施設を提供しても差別ではない（分離すれども平等）」とし、州政府による人種隔離法も、憲法修正第一四条に違反しないと結論づけたのである。

こうして、この判決を機に、学校、教会、刑務所、墓地、レストラン、売春宿、トイレ、水飲み場、公園、海水浴場、公共プール、裁判所で宣誓の際に使用する聖書などありとあらゆる生活の場面での人種隔離強制法が定められた。

共和党が南部の政界の表面から姿を消した後、多くの黒人は白人に強制されて民主党に投票していた。ネッド・コッブは、父親が肉の塊や小麦粉の袋をもらって、選挙のたびに町に出かけて白人の言うとおり投票していたと語っている。

しかし、事態は一八九〇年代に入ると急変した。ポピュリスト運動が黒人にも投票を呼びかけ、白人共同体の分裂の危機が発生したのである。これに対して南部民主党は「黒人支配の恐怖と白人の結束の必要」を煽《あお》り、黒人を政治から完全に排除する道を選び、ポピュリストを打倒することに成功した。

憲法修正第一五条は、「人種や肌の色あるいは過去における隷従の状態に基づいて」参政権を拒絶してはならない、と規定しているだけで、それ以外の根拠を用いれば、黒人の参政権剝奪は可能だった。具体的には、読み書きテスト、投票税の支払い義務などの方法が取られ、一九〇六年までに全南部で事実上の黒人参政権剝奪が立法化された。

裁判官や保安官は選挙で選ばれ、裁判の際に評決を下す陪審員は住民（男性成人）から抽選で選ばれることになっていたが、黒人は投票できず裁判官や保安官は白人が独占し、黒人は陪審員に選ばれなかった。一九〇〇年、陪審員を務めた黒人は全南部でゼロだった。しかも南部では、特定の白人が繰り返し陪審員に選ばれることが多かった。

白人支配の制度としてのリンチ

こうして裁判所を握った白人支配層は、罰せられる心配をせずに反抗的な黒人に暴力を振るうことができるようになった。「人種エチケット」を守らない黒人は、反抗的とみなされ白人の暴力を覚悟せねばならなかった。

そのエチケットには次のようなものがあった。黒人男性は白人女性の目を見つめない。白人と道ですれ違う場合には黒人は帽子を取り端に寄る。白人の家には裏口から入る。商店で白人客がいる場合、店員が白人と対応し終わるまで待つ。黒人は衣服店では試着をしない。

白人を呼ぶ場合には「旦那様、奥様」などの敬称をつける、などである。
白人男性の黒人女性に対するレイプが犯罪視されることはまずなかったが、レイプが日常的に行われ混血児が生まれていたことはいわば常識だった。サウスカロライナ州知事コールマン・ブリーズは「黒人女性に対してレイプといった犯罪が起こることはありえない」と述べた。

しかし、この社会では、黒人男性と白人女性との性的関係は絶対に許されなかった。黒人男性が白人女性に近づく可能性を感じさせるだけでも、黒人男性は「死」を覚悟せねばならなかった。黒人の「レイプ犯」が留置所に収容されることがあったが、大概は、白人たちは、裁判前に実力で「犯人」を拉致《らち》して、公開処刑した。一八八九年から一九三二年まで記録されたリンチ被害者は三七四五人で、その大半が南部で起こり、被害者の圧倒的多数は黒人だった。その処刑儀式には、白人の指導的人物が加わっていた。一例を挙げてみよう。一八九九年、ジョージア州ニューマンのリンチには、特別列車を仕立ててやってきた子供を含む二〇〇〇人もの群衆が集まり、リーダーが「犯人」の耳、指、性器を切り取り、生きたまま火をつけた。そして人々は土産としてその体の一部を持ち去った。

南部で起きた黒人リンチの大半は、何らかの形で白人女性と黒人男性の性的関係を根拠にしていた。「性的野獣」黒人男性から白人女性の純潔を守ることは、白人男性の責務であり、リンチ正当化の根拠とされた。絶対白人女性に黒人男性を近づけてはならないとする論理は、白人女性を白人男性の専有物として従属させる南部家父長制の論理を補強し、リンチは白人共同体を白人男性のもとに結束させる儀式でもあった。

黒人中産階級と音楽・スポーツ

一方で、二〇世紀初頭には、黒人を主な顧客とする黒人経営の保険会社、新聞、床屋、美容院、葬儀屋などが定着した。医療や法曹界の専門家も黒人大学で育成され、活動し始めた。一八九一年に黒人が経営する最初の病院であるプロヴィデント病院がシカゴにできたのをはじめ、全国各地に黒人病院が設立された。

黒人大学のフィスク大学は、一八七一年、ジュビリー・シンガーズを組織し、奴隷歌、霊歌とともにスティーヴン・フォスターの歌などを取り入れて全国の白人、黒人の聴衆の前で歌った。彼らの公演は大成功し、ホワイトハウスでグラント大統領の前で歌い、また、ヨーロッパ各地にも演奏旅行に出かけ、数十万ドルを稼いだ。

一八九〇年代には、黒人たちの厳しい日常生活の経験を踏まえた斬新な音楽が生まれた。スコット・ジョプリンは、歌うことを前提としない「ラグタイム」と呼ばれる音楽ジャンルを生み出し、彼のピアノ演奏のための作品『メイプルリーフ・ラグ』の楽譜は一〇〇万部売れた。

二〇世紀の初頭、ラグタイムを押しのけて人気を博したのが「ジャズ」だった。ジャズは、ニューオーリンズで始まり、パレード、葬式、クラブ、屋外コンサートなどで演じられた。プランテーションや汽船で演奏されていた音楽、ミンストレル・ショウ（白人大衆演芸）、アイルランドやスコットランドの民謡の要素を自由に取り入れたこのジャズは、即興を特徴としていた。ニューオーリンズのフランス語地区育ちのジェリー・ロール・モートンは、作曲も編曲も上手で、のちにロサンジェルス、シカゴに移り、ジャズを「アメリカの音楽」にするのに貢献した。

南部農村の黒人が日常の嘆きを歌ったブルースは、その素朴さのゆえに多くの人々の心をとらえた。W・C・ハンディーは、「南部の黒人たちは、列車、汽船、汽笛、移り気な女、いやなボス、頑固な騾馬など、何についても歌った」と語っている。ミシシッピで単純で気取らない黒人音楽（ブギー）に出会って衝撃を受けたハンディーは、「この音楽には精髄が含まれている。これを磨けば人々が金を払っても聴く音楽になる」と述べている。

スポーツの分野では、ヘビー級ボクサー、ジャック・ジョンソンが、白人ボクサーと何度も戦い、一九一〇年、白人の元チャンピオン、ジム・ジェフリーズを一五ラウンドの死闘の末についにノックアウトして注目を集めた。一八七〇―八〇年代にプロスポーツとなっていた野球では、黒人もプレーしていたが、一八八九年には黒人排除が決定された。黒人たちは黒人プロ野球リーグを結成し、一九〇〇年には五チームが参加していた。

労働者・農民の抵抗と女性の台頭

第一次大戦期以前、黒人は製造業からは排除されていたが、彼らは清掃業、タバコ産業、鉱山、鉄道などで下働きとして雇用され、スト破りに使われたこともあった。しかし、アラバマでは、刑期を終えて解放された黒人労働者が、炭鉱労働組合に入って白人と協力して闘う場面も見られた。ルイジアナの砂糖農場では、黒人と白人計一万人がストライキに入ったし、アトランタでは黒人洗濯婦が賃金引き上げを要求してストライキを始め、黒人教会を通じて料理人、家政婦にも広がり、総勢三〇〇〇人ほどが二週間のストライキに入った。また ノースカロライナでは、白人と黒人の農民同盟と労働騎士団が共同戦線を張り、州議会に白人だけでなく黒人も選出し、一人の黒人を連邦議会に送り出した。

一九世紀末以後、黒人男性が「性的野獣」として白人からの攻撃の矢面に立たされると、これに代わって黒人女性が前面に立った。その代表的な人物アイダ・B・ウェルズは、ミシシッピ州で生まれ、在学中に両親を失い、弟や妹を養うため学校をやめ一六歳で教師を始めた。一八八三年、弟と妹を連れてメンフィスに移り、再び教師になったが、彼女はそこで人種隔離に挑戦する行動に出た。ウェルズは、列車の白人席に乗り込み、男たちに力ずくで引きずり下ろされ、その一部始終を黒人教会新聞『リビング・ウェイ』に投稿し、裁判闘争を始めた。

彼女は黒人新聞を通じて人種隔離を批判する論陣を張り続け、一八九二年、メンフィスで起こったリンチ事件をきっかけにジャーナリストとして反リンチ運動の先頭に立った。その事件は、雑貨商で成功していた三人の黒人が、白人商人たちの襲撃を受け、反撃したことから始まった。三人の黒人は逮捕され拘置所に入れられたが、白人暴徒が拘置所を襲い、彼ら黒人三人をリンチした後で、彼らの店を破壊、略奪したのである。彼女はメンフィスの白人社会に抗議し、黒人たちにメンフィスを出るように呼びかけ、まもなく約六〇〇〇人の黒人がメンフィスを離れた。そして、残った黒人は白人商店をボイコットし、白人社会に抗議した。

彼女は、全国各地を講演して回り、事実調査を行い、『南部の恐怖——リンチ支配のすべて』(一八九二年)を出版した。そこには、成功した黒人が狙われやすいこと、黒人男性と白人女性の性的関係は多くの場合合意のもとで行われていることが書かれていた。白人女性の「純潔」と黒人男性の「獣性」の神話を汚された白人たちは、彼女のオフィスを襲撃し、彼女はシカゴに避難せねばならなくなった。

反リンチ運動を各地で支えたのは、「黒人女性クラブ」だった。一八七〇—八〇年代に、黒人中産階級の女性たちによってゴシップ交換のために始まったこの団体は、一八九五年、ボストンで月刊誌『女性の時代』を創刊した。そして一八九六年に全国黒人女性協会が結成され、会長には、フランスに留学したことがあるメアリー・C・テレルが就任した。

黒人女性クラブの活動は、黒人教会に支えられていた。黒人教会は、読み書きを教え、黒人学校建設を支援し、職業紹介所となり、融資の世話をし、奨学金を出した。また彼らはネットワークを結び、一九〇七年には資金を集めて『ニューヨーク・ジャーナル』、『シカゴ・ディフェンダー』などの有力黒人新聞を支援した。

二人の黒人運動指導者

この「どん底」の時代に、黒人は職業技能を身につけ忠実に働き、白人から認められることにこそその力を集中すべきだと主張し、一気に黒人社会の頂点に躍り出たのはブカー・T・ワシントンだった。彼は、一八九五年、アトランタ綿花国際博覧会に集まった白人有力者と黒人指導者の前で、黒人に対しては、南部の地こそが黒人にとっての成功の場だと呼びかけ、白人企業家に対しては、ストライキとは関係のない忠実で勤勉に働く黒人に頼るよう訴えた。

彼の演説は、南部の白人有力者や北部の大資産家から絶賛され、大富豪アンドルー・カーネギーなどの博愛主義者が彼の教育事業に巨額の寄付を寄せた。ワシントンは豊富な資金を教育機関や人物に配分する利権集団の頂点に立った。

ワシントン批判の前面に立ち、後に彼に代わって黒人運動の指導者になったのは、W・E・B・デュボイスだった。彼はいくつもの著作を発表した学者だったが、同時に活動家でもあった。彼は一九〇三年に出版した『黒人のたましい』で、ワシントンは、黒人を対等だとみなしてはいない南部白人と妥協していると批判し、「ワシントン氏は、少なくとも次の三つをあきらめるように黒人に求めている。政治的な力、市民権、高等教育である」と書いた。ワシントンは、アカデミックな教育よりは実学の教育が必要だとしたが、デュボイスは、人間としての誇りと自覚はアカデミックな教育なしには生まれてこないと主張した。

デュボイスは、黒人のエリートが黒人全体の運命に責任を持ってその向上に取り組むべきだとし、一九〇五年、黒人リーダー二九人を集めて、投票権剝奪反対、人種隔離反対を柱に据えた黒人運動を立ち上げた。彼らはブカー・T・ワシントンに反対する立場を明確にし、その後、一九〇八年まで毎年会議を開いた(「ナイアガラ運動」と呼ばれている)。

全国黒人向上協会と全国都市同盟

一九〇八年、イリノイ州スプリングフィールドでリンチ事件と人種暴動が勃発し、それをきっかけにして、著名な白人ジャーナリスト、オズワルド・ヴィラードが、「今日の悪弊について抗議の声を上げ、自由のための闘いを再生させるために民主主義を信じる者」に集会に集まるよう呼びかけた。著名な弁護士クラーレンス・ダロウや、シカゴで移民支援活動に取り組んでいたジェイン・アダムズなどの白人のほか、ウェルズやテレル、デュボイスなどの黒人が参加した。そして一九〇九年、全国黒人向上協会(NAACP)が設立された。この組織は、当初は白人が主体で、黒人では唯一デュボイスが執行部に選ばれて、機関誌『クライシス』の編集を任された。

これに少し遅れてブカー・T・ワシントンの流れを汲《く》む人々が都市の黒人の日常生活を支える全国都市同盟（NUL）を結成し、持続的活動を開始した。

3　都市時代の始まり

黒人を排除していた革新主義

二〇世紀の初頭に、「独占が経済的進歩と競争を窒息させ、経済的な貴族階級が共和国を危うくしている」との危機意識から革新主義運動が始まった。その担い手とその主張は多様だったが、共通していたのは、市場の横暴から市民を守る連邦政府の役割の拡大を肯定したことである。一九〇八年には連邦最高裁判所が「個人間の契約の自由」に介入し、女性の労働時間規制に合憲判決を出し、一九〇九年には連邦所得税を課す法律が成立した。州レベルの改革も含めて、食品衛生、児童・女性労働者保護、女性参政権付与、自然保護、禁酒、州際交通規制、連邦準備制度の確立、反トラスト法制定などが取り組まれた。第一次大戦期には、連邦政府の権限が一層強化され、政府による経済・社会・文化の動員と管理が全面的に展開された。

しかし、この革新主義的改革は黒人にほとんど何の利益ももたらすことはなかった。この運動の指導者の大半は黒人差別を肯定し、一九一二年の革新党大会は黒人の立ち入りを拒否した。また、革新主義の名のもとで行われた南部のインフラ整備には、鎖につながれた黒人囚人が使用された。

第一次大戦が黒人にもたらしたもの

しかし、革新主義と第一次大戦は、南部社会に大きな変化をもたらした。戦争中、南部でも軍需生産、農業技術指導、食糧保存計画、兵士の健康管理・訓練が連邦資金を使って行われ、まもなく、連邦政府の援助なしには南部経済が機能しない状況が生み出された。「小さな政府」を伝統としてきた南部諸州政府の財政規模は急膨張した。

一九一七年、ウィルソン大統領が「世界を民主主義にとって安全にするための」第一次大戦参戦を提案した時、NAACPは参戦支持声明を出し、三七万人余の黒人が従軍した。その大半は、雑役、補給業務に就かされ、戦闘部隊に配属された黒人兵はわずかだった。

まもなく、軍隊内の差別待遇だけでなく、人種暴動、リンチ、黒人兵に対する白人の暴力、これを抑制しようとしない政府の態度などに反発する黒人が現れた。政府は、治安維持法によって黒人新聞を規制すると警告し、黒人指導者に戦争に協力するよう説得した。デュボイスも「何よりもまず真に完全なアメリカ人として祖国アメリカに身をささげよう」と書き、政府への協力を誓った。

だが、戦争は「世界を民主主義にとって安全にする」どころか「アメリカを黒人にとって安全にする」ことにも失敗した。戦後、黒人を襲う人種暴動やリンチが続発し、デュボイスは、「本当に馬鹿だった。われわれは息子たちを殺しただけでない。信義と希望までも殺してしまった」と後悔した。

しかし、黒人たちが軍隊で訓練を受け、ヨーロッパで戦ったことは、彼らの視野を広げ、アメリカ市民としての誇りを育てる役割を果たした。フランスで白人に歓迎された黒人兵は、アメリカの人種差別の特異性を理解し、アジア・アフリカの植民地からヨーロッパに動員されてきた人々との交流を通じて、人種差別が植民地主義とつながっていることも学んだ。

黒人の大移住の始まり

第一次大戦による戦争特需で労働力需要が急増したにもかかわらずヨーロッパ移民が途絶したため、この時期に初めて黒人に北部の工業雇用の門戸が開かれた。南部農村から戦時中に大量の黒人が北部都市に移住し、それは「大移住」と呼ばれた。

ちょうどこのころ、南西部から東に向けて広がってきた綿花を食い荒らすワタミゾウ虫がアラバマ州やジョージア州の綿花畑に到達し、綿作農業に大きな被害をもたらしたが、それも「大移住」を促進した。北部の黒人労働力吸引が始まると、害虫の被害を受けていなかった地域からも黒人が脱出し始め、一九一五年から一九三〇年までに黒人約二〇〇万人が南部を去った。一九一〇—三〇年の間に北部大都市の黒人人口は、シカゴで五・三倍、デトロイトで二〇倍、ニューヨークで三・七倍に増えた。また、この時期には、カリブ海域からも黒人移民が大都市に移住してきた。

経済的機会の追求だけでなく、南部社会での黒人に対する暴力と抑圧からの脱出も南部黒人の大移住の重要な動機だった。「北部でも大変だとは聞いているけど、南部と比べたら、どんなところだってパラダイスだよ」とある移住者は語った。北部の大都市でも、黒人は人種隔離や職業差別などの困難に直面したが、ここには黒人教会を中心に黒人コミュニティーが形成され、互助組織の役割を果たしていた。教育環境も南部農村よりはましで、収入も南部と比べれば高かったし、彼らは投票することもできた。

もちろん南部プランターは、黙って黒人たちの脱出を見過ごしていたわけではなかった。南部では、労働者「盗奪」に対抗するために北部からやってくる労働者斡旋人《あっせんにん》に巨額の手数料を支払わせる法律を次々と導入し、事実上、合法的に斡旋活動ができないようにした。また、北部に向かうために駅や船着き場に集まっていた黒人を警察官が「放浪法」を理由に逮捕する姿が目立った。ミシシッピ州ナチェズでは、出航直前の蒸気船を白人暴徒が襲い、黒人を下船させた。

それでも労働力不足は解消されず、南部黒人の労働条件は向上した。また、戦争特需と害虫による生産低迷により、綿花価格も上昇し、黒人小作農ネッド・コッブは一九二四年、ついに念願の土地を手に入れた。

戦後の人種暴動とリンチ

黒人の大量移住により、労働市場の最底辺を担っていたアイルランド移民や南東欧移民と黒人との軋轢《あつれき》が生じた。人種暴動は第一次大戦中に始まっていたが、一九一九年の夏には全国二五都市で次々と発生し、二五〇人が犠牲になった。ジャマイカ出身の詩人クロード・マッケイは、「われわれは、豚のようには殺されまい。殺されるなら高貴に死のう。反撃せよ！」と訴えた。この時期の人種暴動では、これまでとは違って黒人が反撃し、白人にも死者が出た。

一九一九年七月二七日に始まったシカゴ暴動は五日間続いた。ミシガン湖畔の水辺で遊んでいた一七歳の黒人少年が、誤って「人種ライン」を越えて白人水域に入り込んでしまい、白人が投石し彼を溺死させたことがこの暴動のきっかけだった。警察官が投石した白人ではなく、抗議して集まっていた黒人を逮捕したため、騒ぎは一気に拡大し、全市を巻き込む暴動となった。結局、黒人二三人、白人一五人が死亡し、黒人三四二人、白人一七八人が負傷し、数百の家屋が焼失した。

一九一九年九月末には、アーカンソー州フィリップス郡で黒人農民協同組合の組織化の試みが、地元警察によって弾圧されたのに対し、黒人が反撃し、白人三人、黒人七人が死亡した。直後に二〇〇〇人の連邦軍が出動し、おそらく一〇〇人を超える黒人が殺害され、一二二人が逮捕、起訴されて、裁判の結果一二人が死刑、六七人が一―二〇年の懲役を宣告された。しかし、この裁判には、NAACPが弁護士を派遣して介入し、連邦裁判所は裁判手続きの不当性を認め、一九二三年に全員が釈放された。

またこの一九一九年には、帰還兵一〇人を含む合計七六人の黒人がリンチで殺された。

一九二一年のオクラホマ州で起きた事件（タルサ暴動）にも、黒人たちが武力で抵抗するという新しい特徴が表れていた。警察に捕まった黒人男性をリンチしようと白人群衆が留置所に集まってきたのに対し、黒人たちが抵抗、銃撃戦となり、双方に死者が出た。黒人居住区の黒人たちは武装して白人群衆の襲撃を迎え撃ったが、白人側は飛行機を使って黒人居住区に火を放ち、この町はアメリカ史上最初の空爆の被災地となった。

ガーヴェイ運動の突風

第一次大戦から一九二〇年代にかけて「ガーヴェイ運動」と呼ばれる大衆運動が高揚した。この運動は、全世界黒人改善協会（UNIA）の創設者マーカス・ガーヴェイが一九一六年にジャマイカからやってきて、一九二七年に詐欺罪で国外追放されるまでのわずか一〇年の間に、合衆国、カリブ海域、アフリカ、イギリスに史上かつてない数の黒人支持者を得た運動に発展した。

しかし、その支持者の大半が貧しい大衆だったこと、また他の黒人運動指導者からガーヴェイはデマゴーグだと軽蔑されてきたことも手伝って、その歴史は十分研究されてこなかった。ところが、その後黒人公民権運動に参加した人々の多くが、家族の中にガーヴェイ運動の関係者がいたことを明かしている。ローザ・パークス（二一七頁参照）の母親がそうだったし、マルコム・X（一四一頁参照）の父親もそのメンバーだった。この運動の組織は、公的には解体された後も長期にわたってひそかに各地で会合を重ねていたことがわかっている。

一八八七年にジャマイカで生まれたガーヴェイは、少年時代、印刷工として働いた後、一九〇七年、中南米を巡る旅に出て、黒人たちが各地でどんな扱いを受けているかを知り、その後ロンドンで二年間学び、植民地出身の黒人から、それぞれの地域の黒人について学んだ。一九一四年ジャマイカに帰った彼は、UNIAを結成し、世界の黒人の団結を訴えた。そして一九一七年、UNIAの本部をニューヨークのハーレムに移し、本格的な活動を開始したのである。

彼は、アフリカには誇るべき歴史があり、黒人はその再建に向かわねばならないと訴えた。「われわれは奴隷の身から解き放たれているが、心はまだ奴隷のままだ！　……われわれは、自分たち自身の力でこの苦境から抜け出さねばならない」と自助の精神を呼びかけた。それは南部とカリブ海域からの黒人の「大移住」の時期に重なっており、ガーヴェイの「誇りと自信を持て」との訴えは、白人から軽蔑され、黒人エリート指導者からも排除されていると感じていた黒人大衆に自信と勇気を与えた。

彼は、黒人独自の経済、文化、社会を構築する事業に取り掛かった。黒人ビジネスの育成をはじめ、アフリカ正教会の設立、新聞『ニグロ・ワールド』の発刊などに取り組んだ。事業収入や会員からの寄付によってUNIAは、数十万ドルの資産と、大西洋世界各地に合計九〇〇の支部、数百万の支持者を獲得したと主張した。彼らは、人種隔離にあえて挑戦することは避け、日常的コミュニティー作りの伝統の上に人種的誇りを植え付け、UNIAの組織を拡大した。

ガーヴェイは、アフリカ帝国設立構想を打ち出し、大西洋を航行する「黒星汽船会社」を設立した。そして彼は、一九二一年「アフリカ帝国」の樹立を宣言し、自ら暫定大統領に就任した。彼は、側近会員にその軍服を着せ、リベリアへの入植を試み、国際連盟を通じてタンザニアの所有権を要求した。

ガーヴェイの黒人至上主義は、末期に入ると極端になり、黒人男性と白人女性の結婚に反対し、KKKの指導者クラークと会談して、人種分離で一致し、彼に資金援助を申し出ることまでした。さすがに多くの黒人は彼に反発し、また、連邦捜査局（FBI）はこの時期を見計らって彼を詐欺罪で起訴し、国外追放した。

この時期のNAACPは、ガーヴェイ運動の急成長の煽りを受けて財政的にも会員数でも低迷を強いられた。しかし、会長のウォルター・ホワイトがリンチの現状を調査し、それをデュボイスが『クライシス』で発表する活動に取り組んで世論を喚起したほか、人種差別に反対する裁判闘争にも取り組んでいくつかの貴重な成果を上げ、その後の法廷闘争の基礎を築いた。NULも地道な調査活動などによって組織を維持した。

ハーレム・ルネッサンス

戦中・戦後、ニューヨークのハーレムには、多くの黒人が希望に燃えて集まり、黒人兵も帰還してきた。彼らが持ち込んだ南部農村・カリブ海域の土の匂いのするエネルギッシュな大衆文化と、北部黒人中産階級の伝統的な洗練された黒人文化がハーレムで化学反応を起こして、「ハーレム・ルネッサンス」文化運動が起こった。

『クライシス』などの黒人雑誌は、黒人作家の短編小説、詩、エッセイを毎回掲載し、すぐれた作品に賞金を出してこの運動を支えた。黒人作家は、誇りある黒人の生々しい姿を描き、黒人のステレオタイプに挑戦した。当時すでに、アメリカに問いかける文学作品を書く能力を身につけた黒人が多数育っていたが、彼らは黒人の置かれた厳しい現実を目の当たりにしており、アメリカの社会問題をより鋭く感じ取っていた。アレイン・ロック、クロード・マッケイ、ラングストン・ヒューズ、ゾラ・ニール・ハーストンなどアメリカ文学の代表的作家として評価されている人物が多数輩出した。

この時代、主流出版社が白人読者を対象に黒人作家の作品を出版するようになり、黒人文学者は、白人世界に黒人の心を伝える手段を手にした。何人もの白人パトロンが賞金を出し黒人作家を支援した。これは同時に、黒人作家に白人が好む作品を書かせる圧力にもなった。しかしこの時代には、「人種」から脱皮した「人間」の本質を追究する過程でこそ、黒人の真の姿が描けるとする作家も現れ、例えば「黒人男性は性的野獣」だとする偏見が支配的だった当時、あえて「黒人男性の性欲」を描くことに挑戦し、衝撃を与えた作品も現れた。

ジャズの時代

しかし、より多くの白人を黒人街に向けさせたのは黒人音楽だった。多くの黒人エリートは、ジャズは「売春宿で演奏され、肉感的で知性がなく、黒人のステレオタイプを強めるばかりだ」としてこれと距離を置いてきたが、ラングストン・ヒューズは「黒人の唇から生み出されるトランペットの響きは、優雅な炎に混ざった蜂蜜のようだ」とこれを高く評価した。

郊外の白人中産階級が、コトン・クラブなど白人専用の高級ナイトクラブに集まり、高い技能を持つ黒人演奏家と美人でスタイルのいい黒人コーラス・ガールたちのショウを楽しんだ。ここには、デューク・エリントン、ルイ・アームストロングなどが出演した。

この時代にジャズは、ヨーロッパとアフリカの音楽的要素を混合しアメリカで生まれた唯一の「アメリカ的音楽」だと言われるようになった。第一次大戦中、フランスに滞在した黒人部隊所属の楽団は、フランス人聴衆の前でフランス国歌をジャズ風にアレンジして演奏し、たちまちフランスにジャズ・ブームを巻き起こした。

黒人と白人がともに酒場でジャズ・バンドのもとで踊ることもあった。ハーレムのサヴォイ・ホールでは、四〇〇〇人もの黒人と白人が集まって踊った。しかし多くの一般黒人は黒人だけを集める安酒屋で音楽やダンスを楽しんでいた。そこには午前三時の閉店後に白人ナイトクラブで演奏していた黒人ジャズ・マンたちが集まり、「自分たちのジャズ」を夜明けまで自由に演奏して、お互いの技能を高め合った。

大衆の間ではアパートの一室をダンス会場にして、自分たちで南部料理を作り、ジャズ演奏家を雇って、近所の人を集めて開く「レント・パーティー」が流行した。ジャズを楽しむとともに家賃（レント）の足しにしたのである。

一九二〇年代には、ラジオと蓄音機が黒人家族の間にも普及し始め、黒人歌手のレコードが売れるようになり、女性歌手が多数台頭した。ベシー・スミスは、南部黒人の苦しみを静かに歌った『ダウンハーテッド・ブルース』のレコードを作り、八〇万枚も売れた。しかし、レコード会社の経営者は白人だったので、「白人が好む黒人音楽」でなければ売れなかった。

第三章　大恐慌・第二次大戦期の黒人（一九三〇―一九四五年）

1　南部プランテーション制度の動揺

大恐慌期のプランテーション

一九二九年に始まった大恐慌期の南部では農場倒産が多発し、何とか生き延びた経営者も、小作農に対する前貸しが困難となった。

一九三一年夏にアラバマ州で組織されたシェアクロッパーズ・ユニオン（刈り分け小作農組合）は、夏の間の前貸し一時打ち切りの再開を求め、同時に自家菜園の耕作を認めるよう要求した。従来、前貸しは、小作農を債務超過に陥れ、地主の小作農に対する恩情的支配を支える手段だったが、ユニオンは、逆に地主に恩情的支配の義務を果たすよう要求したのである。小作農に前貸しできなくなった地主は、黒人たちに小作農地での菜園の耕作を認めざるをえなくなり、前貸しによって黒人を縛りつけておくプランテーションとしての機能は弱まり始めた。

また、南部の農村商人や銀行家、プランターは、その危機を乗り切るために、債務不履行に陥っていた黒人の物件を収奪し、資金を回収しようとした。一九三二年一二月一九日、シェアクロッパーズ・ユニオンが、組合員の抵当物件没収に抗議して、警察官と対決して銃撃戦に発展し、白人武装集団が動員される事件が発生した。その結果、数人が死亡、多数が負傷し、一一人が裁判にかけられて有罪判決を受けた。

この事件で殺害されたり、投獄されたりしたのは、いずれもこの事件の前に連邦農業融資銀行に出かけ、審査を受けて融資を得た人物だった。ここから読み取れることは、南部の黒人小作農が、連邦金融機関をあてにして、地元の白人プランター・商人の債務から逃れようとしたことである。

ニューディール政策の柱である一九三三年農業調整法は、農民に生産調整を要請し、協力した農民に補助金を出す政策だった。最初の年はすでに作付けが済んでいたから、小作農でも生育中の作物を掘り起こせば、その分だけ連邦政府から補償金を支給されるはずだったが、地主は、小作農への補償金を債務返済に充てて小作農には渡さなかった。翌年からは、小作農にも補償金を支払う仕組みができたが、多くの地主は、今度は小作契約を解約してその土地を減反分に充てて補償金を独占した。彼らは直営地で換金作物を栽培し、農繁期にだけ黒人を賃金労働者として働かせた。そして農閑期の黒人の生活は、連邦政府の各種の救済政策に肩代わりさせるようになった。

アーカンソー州では南部小作農組合が組織され、農業調整法による小作農追い立てに抗議し、追い立てられた黒人農民がハイウェイ沿いに家財道具を並べて、示威行動を行うなどの活動に取り組んだ。一方、賃労働に転換した地域では、収穫期におけるストライキが有効な闘争手段となり、一九三五年八月にはアラバマ州ラウンズ郡で、シェアクロッパーズ・ユニオンが綿摘みストライキを宣言し、白人武装集団の徹底的な弾圧にあい何人もの死者が出た。黒人たちは森や沼地に避難し、労働力を失ったプランターは、近隣都市の失業者をトラックでかき集めてここに導入した。近隣プランテーションでは労働力を奪われることを恐れて賃金水準をわずかばかり引き上げた。

南部小作農組合の活動家や農務省の革新的官僚の努力によって、大農場の救済ばかりではなく、長期低利の貸し付けによる自営農民育成や共同農場育成のための農場保障局が農務省に設立された。この政策によって自営農化した黒人農民の中には、黒人コミュニティーの指導者となったものも多かった。ラウンズ郡では綿摘みストライキの直後に連邦政府によってアラバマ州最大の黒人共同農場計画が始められ、ここからは、一九六〇年代の公民権運動の担い手が育った。

第二次大戦期の南部農業

第二次大戦が始まると、多くの黒人が全国の工場に吸収され、軍隊に召集されたため、プランテーション地帯では一転して労働力不足が始まった。綿花価格が高騰し、労働コストも上昇したので、機械の導入が求められたが、農作業の最終段階である綿摘み作業の機械化にはまだ技術的な問題が残っていた。戦時中はその開発の余裕はなく、南部農業の機械化は進まなかった。そのため伝統的な力ずくによる労働力確保が追求された。

まず南部の政治家は、連邦政府の自営農育成・救済政策を廃止ないし縮小させ余剰労働力を絞り出した。また徴兵事務に介入して、外部に働きに出ようとしている者や連邦政府の計画の対象者を徴兵リストの上の方に並べた。債務を理由とした黒人農民の移動制限は、戦時中ナチスの反米宣伝の材料にされる危険があったから、連邦司法省がその抑制に乗り出していた。しかし、多くの黒人は借金があり農場を出ていけないと思っていた。アーカンソー州のある黒人農民は「保安官が出ていかせてくれない」と調査官に答えた。

しかし、この時期には、賃労働者たちは、より賃金水準の高い雇用主を求めて移動し始め、場合によってはストライキにも訴えた。ミシシッピ州コアホマ郡では五日間の綿摘みストライキが行われ、一〇〇ポンドの綿摘みの賃金を二ドルから二ドル五〇セントに引き上げることに成功した。

戦時中、南部農業にはもう一つの大きな変化が起こった。南部でも軍需生産が行われ、都市人口が増大し、食糧需要が急増したから、これまでは困難だった食糧作物栽培を含む多角的農業経営の可能性が高まったのである。こうして南部は、単一作物栽培プランテーション経営に特化しなければならない状況から次第に解放されるようになった。

2　「薄暗い夜明けの時代」の始まり

人種差別と労働運動

一九二〇年代には労働運動が厳しく弾圧され、一九二一年に五〇〇万人だった組合員数は、一九三三年には三〇〇万人以下になっていた。しかし彼らは、大恐慌のもとで解雇反対運動やストライキを闘い、反撃態勢に入った。そしてニューディールの全国産業復興法で、労働者の団結権と労働組合の団体交渉権が認められると、労働者は大挙して労働組合に入った。この時期に労働組合に入ったのは不熟練労働者を含む自動車、衣服、ゴム、鉄鋼などの産業労働者であり、主に産業別に組織された。彼らは熟練労働者を主に組織していた職能別組合であるアメリカ労働総同盟（ＡＦＬ）とは別に、産業別労働組合会議（ＣＩＯ）に結集した。ＣＩＯには、黒人や女性を受け入れる組合が多く、一九三八年にはＡＦＬよりもわずかに多い三七〇万人を組織していた。ＣＩＯ傘下の組合は、賃金引き上げや組合承認を求めて闘い、少なからぬ黒人もこれに参加した。ＣＩＯの運動には、当時勢力を拡大しつつあった共産党が参加し、彼らの戦闘的反人種主義は黒人労働者を引き付け、ＣＩＯの中に反人種差別的政策を持ち込んだ。黒人女性タバコ労働者が、ＣＩＯと白人縫製労働者の支援を受けて一万人以上の規模のストライキを闘って、会社側との団体交渉権を確立し、白人と協力して黒人の選挙権登録運動を行った。

このように、この時代に労働者の大衆行動に基づくいわゆる「長い公民権運動」は、すでに始まっていたのである。

スコッツボロ事件と共産党

共産党が黒人を引き付けるきっかけとなったのは、彼らがスコッツボロ事件裁判に加わり、黒人少年を死刑から救ったことだった。

一九三一年三月二五日、アラバマ州北部スコッツボロに着いた列車で無賃乗車をしていた九人の黒人少年が逮捕された。当時、列車をねぐらにしていた人は全国に二〇万人もいたから、それ自体は何の変哲もない事件だった。ところが、同じ列車から二人の白人女性が現れ、彼女たちは黒人少年たちにレイプされたと言い出したのである。実は彼女たちは繊維工場を解雇され、あちこちで売春などをして暮らしを立てていたのだが、それが暴露されるのを恐れて、虚偽の証言をしたのだった。検査にあたった医師はレイプの痕跡を確認できなかった。

しかし、この地方でこの類いの証言がひとたびなされれば、彼らが直ちにリンチされなかっただけでも幸運だった。形ばかりの裁判で一三歳の少年を除いて全員に死刑判決が下された。当時、全国黒人向上協会（NAACP）は、黒人レイプ犯の裁判に関わることを避けていたが、共産党は直ちに調査に入り、この裁判に参加することを宣言した。

共産党から派遣された白人弁護士は、黒人少年の両親に会い、裁判での弁護を自分たちに任せるよう説得することに成功した。彼らは、南部の人種エチケットにとらわれることなく、黒人を対等な人間として扱う言葉遣いと態度で接したため、少年たちの両親は驚き、自分たちの子供の救援運動に積極的に協力した。共産党はこの裁判の不当性を全国に訴え、また、国際共産主義運動のルートを使って全世界に広めた。各地で集会が開かれ、それをきっかけに南部の黒人の置かれた状況が広く知られただけでなく、共産党の非妥協的な人種差別反対の姿勢が鮮明になった。

共産党から派遣された弁護士たちは、刑事事件として証拠に基づいて無罪を立証しただけでなく、当初の裁判では、黒人が正当な被弁護権を保障されず、陪審員選出の過程から黒人が恣意的に排除されており、憲法に違反すると訴えた。連邦最高裁判所は二度にわたって裁判のやり直しを命令した。州の裁判のやり方について連邦最高裁判所が憲法違反との判決を下したのは初めてのことだった。しかも裁判のさなかに白人女性の一人がレイプされたことを否定し、少年たちの救援運動に加わりさえした。それにもかかわらず地元の陪審員たちは、そのつど有罪判決を繰り返した。しかし、まもなく、順次個別の黒人少年に対する告訴が取り下げられ、一九五〇年までには途中で逃亡した一人を除き、全員が釈放された。

ニューディールの黒人差別

フランクリン・D・ローズヴェルト大統領は多くの黒人を招き、黒人専門家を政府で採用した。また、黒人オペラ歌手マリアン・アンダーソンの憲法ホールでのコンサートが、右翼団体の反対で開催不可能になった時、大統領夫人エレノア・ローズヴェルトが協力の手を差し伸べ、一九三九年リンカン記念堂の前で七万人もの聴衆を集めて公演を成功させた。

しかし、ニューディール政策のほとんどは黒人を排除するか差別していた。すでに述べたように農業調整法は黒人農民の多くを農場から追い立てる結果となったし、連邦住宅局や市民自然保護部隊、あるいはテネシー渓谷総合計画は、人種隔離を前提とし、社会保障法や公正労働基準法は、農業や家政婦など黒人が多く雇用されている職種を適用除外にした。

黒人文化の発展

この時代、リチャード・ライトがアメリカ史上最初の黒人ベストセラー作家になった。彼は、一九二〇年代にミシシッピからシカゴに来て作家活動を始め、労働者階級の連帯を強調する共産党の訴えに共鳴し入党した。しかし彼は、黒人の文化は単に労働経験から生まれるだけでなくその独自の人種的経験から生み出されたものであることにこだわった。一九四〇年に出版された『アメリカの息子』は、主人公の黒人青年ビッガーが、黒人のために働く共産党に共鳴していた金持ちの娘を、誤解の連鎖の末に殺害してしまうことから物語が始まる。

彼は共産党弁護士の支援を受けながら裁判を受けるが、ついにこの弁護士は彼の意図を理解できなかった。ライトは、この作品で、黒人と白人の間にある、容易に「階級的連帯」では語れない溝、黒人の長い経験から来る白人に対する恐怖の感情を抉《えぐ》り出そうとして、読者に衝撃を与えた。この小説はまもなく一〇〇万部を超すベストセラーとなった。

この時代には、黒人音楽の影響を受けて白人音楽家が作曲しアレンジしたビッグバンドによる「スウィング」と呼ばれるジャズが流行し、白人と共演する黒人も多くなった。反リンチの詩『奇妙な果実』を歌ったビリー・ホリディなどが白人の間でも注目されるようになった。一方、若い黒人たちは、複雑なリズムとメロディの調和と即興性を強調し小さなバンドで演奏される「ビバップ」と呼ばれるジャズを好み、チャーリー・パーカー、ディジー・ガレスピーらがもてはやされた。しかし、戦争から帰ってきた帰還兵たちは静かで単純なラブソングを好み、ビバップ時代は終わったとされている。

黒人ダンスはこの時代に政府の文化プロジェクトの支援を受けて大きな発展を見た。西洋古典バレエの基礎訓練を絶対視する従来のダンス教育に対して、黒人自身のダンス教育を目指したキャサリン・ダンハムの教育とその公演活動は白人たちからも評価されたが、彼女は人種隔離に挑戦することをためらわなかった。一九四〇年代初頭、ルイヴィルの白人と黒人が一緒に座ることを許されない劇場で、彼女は次のように挨拶して劇場を後にした。

「私たちはあなた方を幸せにすることができてとてもうれしく思っています。でも、私たちがこのルイヴィルで演じるのはこれが最後です。ルイヴィル市当局は私たちのような人間があなたたちと一緒に座ってダンスを見ることを禁止しています。この戦争が終わったら、きっと私たちは民主主義を手にして、またこちらに戻ってくることができるでしょう」

黒人有権者という票田の発見

一九二〇年代以後、北部都市の人口は引き続き増大し、北部の都市で選挙権を持っていた黒人は無視できない政治的影響力を発揮した。彼らは、共和党に引き続き結集し、市議会や州議会に進出し始めていたが、ニューディールが始まると北部の黒人指導者たちは共和党を離れ、シカゴでは一九三四年の州議会選挙に黒人が民主党から出馬し当選した。そして、一九三六年の大統領選挙では、北部黒人の大半が民主党に転じ、この年の民主党大会では三六人の黒人代議員が大会議場に姿を現し、南部民主党の代議員を驚愕《きょうがく》させた。だが、ローズヴェルトは、南部民主党をなお重要な支持基盤としており、議会に提出されていた連邦反リンチ法や投票税廃止などには口をつぐんだ。

北部大都市における民主・共和両党の勢力は拮抗《きっこう》しており、共和党にとっても黒人は貴重な票田だった。彼らは、一九三八年の共和党大会で、二大政党としては歴史上最も明確な黒人公民権綱領を採択した。北部を主な支持基盤とする共和党は、南部の黒人差別撤廃政策を掲げても白人の票を失う心配はなかったからである。

共和党の黒人有権者への呼びかけに危機感を抱いた民主党は、一九四〇年党大会で曖昧ながら黒人に言及する綱領を採択した。黒人の戦争への協力を取り付け、しかも共和党との黒人票獲得競争に勝ち抜かなければならなかったローズヴェルトは、南部民主党の抵抗を回避しつつ黒人に象徴的譲歩を与え始めた。

彼は一九四〇年六月、国防職業訓練における人種差別の禁止を約束し、全国国防諮問委員に黒人を任命した。九月の選抜兵役法においては、「差別は人種隔離を意味しない」ことを確認したうえで、徴兵、訓練における差別撤廃条項が挿入された。さらに「白人の上位に黒人士官は置かない」という人種秩序に従うことを前提として、黒人部隊に黒人指揮官を充てることが決められた。

こうして、両党が黒人票を求めて言い寄り、むき出しの白人優越主義を主張する南部民主党の全国政治における孤立化が始まった。しかも南部の人口の相対的減少は、南部民主党の政治的影響力の長期的低落を確実なものにしていた。黒人にとっての「薄暗い夜明けの時代」がやってきた。

3　反ファシズム戦争と黒人差別

ワシントン行進運動

反ファシズム・民主主義の理想を掲げて枢軸諸国に対抗していたアメリカにとっては、リンチや囚人労働制、黒人の選挙権剝奪、人種隔離などむき出しの黒人抑圧は、枢軸国側の「アメリカ民主主義の欺瞞《ぎまん》性」を証明する格好の宣伝材料となる危険性があった。

差別されてきた黒人が白人のようにアメリカへの忠誠心を抱く理由はなかった。第二次大戦を前にして連邦政府は、敵からの宣伝攻勢を回避し、黒人の戦争への協力を得ながら、人種差別的白人を含む国民の団結を乱さない道を慎重に進む必要があった。ローズヴェルトは一九四〇年の選挙を前に任命人事などを通じて黒人にある程度譲歩したが、軍需産業における人種差別には対応しようとはしなかった。

しかし、黒人たちは、第一次大戦での失敗を繰り返さず、今度こそ戦争への協力を取引材料にして政府の譲歩を勝ち取る戦術を取った。それがワシントン行進運動だった。

この運動を提唱したのは、寝台車ポーター組合の指導者A・フィリップ・ランドルフだった。彼は、黒人の法的地位にもっぱら関心を寄せる伝統的黒人指導者とは異なり、軍需工場における雇用の確保を重視した。彼は一九四一年一月、「国防産業と軍隊での正当な地位を目指すワシントン行進運動」を提唱し、七月にワシントンに一万人の黒人を動員する計画を発表した。この運動は、第一に軍隊内の黒人の地位向上よりも、国防産業における黒人の雇用確保を重点目標とし、第二に黒人のみによる非暴力直接行動を提案したという点で従来とは異質な運動だった。

彼は「われわれは白人の友人に一緒に行進してほしいとは言わない」と述べ、この運動を黒人のみのデモ行進にする構想を提案した。これまでの黒人運動は、白人理解者の協力を得ながら進められてきたから、黒人、白人双方から疑問の声が上がった。

実は、ランドルフが運動を黒人に限定するよう提案したのには、黒人運動から共産党の影響力を排除しようとする意図があった。白人党員を通じての黒人労働者への共産党の影響力を断ち切ることが彼の黒人労働運動における指導権確立にはどうしても必要だった。しかも共産党は、当時、ヨーロッパで始まっていた戦争は「帝国主義戦争」であり反対だとするソ連の立場に追随していたから、戦争への協力を前提とする運動には加われなかった。

ランドルフの提案に黒人大衆は熱狂的に応じた。これを受けて、懐疑的だったNAACPのウォルター・ホワイトもこの運動支持に転じ、主要黒人指導者の会議で運動の統一が確認されて運動は大きなうねりとなり始めた。そして、動員目標人数が一万人から五万人に引き上げられた。

ランドルフは、六月三日付でローズヴェルト大統領とその妻エレノアや閣僚たちに、七月一日の集会に来て演説してくれるよう要請する手紙を送りつけた。「民主主義を守るための戦争準備」に携わっている軍需工場での人種差別に対して、政府責任者はいかなる態度を取るのか、ワシントンに集まる黒人大衆に説明するよう求めたのである。

これに対して政府側は、仲介者を立ててランドルフらとの話し合いを持ったが、ランドルフたちは、「国防産業における黒人の雇用に関しはっきりした具体的な成果を確認せずに、会議をやって、その後放置してしまうといった古い手法は、もう通用しません。われわれは、行政命令という形での大統領によるはっきりした行動なしには集会を中止しません」との意思を伝え、大統領をはじめとする政策責任者との会談を要求した。

六月一八日の会談で大統領は「銃を突きつけられて特定の政策を強いられるようなことはできない。ともかく集会の中止を決め、その後、話し合おう」と主張し、容易には引かなかったが、黒人側も引かなかった。そして両者の長い綱引きの末、二四日、ついに大統領側が折れて黒人代表に大統領行政命令八八〇二号の最終文案を提示した。

大統領行政命令八八〇二号

この命令は、「人種、信条、皮膚の色、出身国の違いに関わりなくすべての市民を国防計画に全面的に参加させるよう推奨するのが合衆国の政策である。……しかし、有能で必要とされている労働者が人種、信条、皮膚の色、出身国の違いといった理由だけで国防産業の雇用から除外され、労働者の士気と国の統一の妨げになってきたことは明らかである」としたうえで、「今後すべての国防産業契約は非差別条項を含まねばならないこと、軍需生産向け職業訓練計画における差別をやめること、公正雇用実施委員会を設置し苦情を受け、調査し、その訴えが正当な根拠があるとみなした際にはその是正のために適切な措置を取ること」を明記していた。

ワシントン行進実行委員会は全会一致でこの大統領行政命令文書を受け入れ、行進を取りやめることを決めた。

しかしこの大統領行政命令は、戦時期にのみ有効な命令であり、適用範囲は政府と契約した軍需産業に限られていた。また、この行政命令には罰則規定がなく、さらに公正雇用実施委員会には十分な予算やスタッフが割り当てられず、彼らは道徳的説得ができるだけだった。確かに、一九四二年当初三パーセントだった軍需工場労働者に占める黒人の割合は、一九四四年一一月には八パーセントにまで増えたが、それは大統領行政命令のおかげというよりは、戦争特需による労働力不足のおかげだった。

しかし、この大統領行政命令は、大統領が人種差別の存在を認め、その否定をアメリカ民主主義の重要な課題だと宣言したアメリカ史上最初の行政命令だった。

軍隊内の人種差別

第二次大戦中には、およそ一〇〇万人の黒人が軍隊に入り、これまで黒人を受け入れてこなかった海兵隊、沿岸警備隊にも黒人が配置された。黒人にとっては、軍隊での生活の方が一般社会での生活よりましだったことは否定しえない。彼らは衣食住を与えられたのみならず、技術・知識を獲得することもできた。賃金も定期的に支給されたから、少なくとも経済的には、多くの黒人にとってそれは人生初めての安定した生活だった。軍隊では、伝染病などで健康を害した兵士に対しては無料で薬が支給され、基礎的な教育も受けることができた。

しかし、軍隊内の人種隔離は続いていた。部隊が人種別に構成されていただけではなく、基地の中でも厳格な人種隔離が継続していた。ある基地の礼拝施設には、「プロテスタント、カソリック、ユダヤ教、黒人」の礼拝時刻表が掲示されていた。開戦時に黒人新聞連合代表は、陸軍当局者との会談で軍隊内の人種隔離撤廃を求めたが、陸軍総務局長は、「軍隊は社会学の実験場ではない」としてその要求を拒否した。

軍隊に入った黒人の多くは、従来と同様、雑役や輸送の任務を与えられたが、特に危険な作業をさせられることもあった。一九四四年七月一七日、サンフランシスコ近郊ポートシカゴで爆発事故が起こり、三二〇人が死亡したが、その三分の二は黒人だった。白人司令官は、十分な訓練も受けていない黒人兵に競争させながら弾薬の積み下ろしをやらせたのである。

黒人兵が基地で訓練を受けるようになると、地元の白人と黒人兵の衝突が頻発した。南部では人種慣行を守らせようとする白人によって黒人兵が暴行される事件が多く起こった。一九四二年四月三日付の『ニューヨーク・タイムズ』は、電話ボックスをどちらが先に使うかをめぐる黒人兵と白人兵の争いに端を発した衝突で三人の兵士が死に、五人が負傷した事件を報道したが、このような事件は全国各地で発生していた。一九四二年ルイジアナ州アレキサンドリアでは、憲兵が酔った黒人兵を取り押さえようとして人種暴動に発展し、二八人の黒人兵が射殺され、三〇〇〇人の黒人が逮捕された。

ペンシルヴァニア駐屯黒人部隊の白人司令官は「白人女性との交際は、自由意志であろうとなかろうとレイプとみなす」との命令を発した。フランスに駐屯していたある黒人兵は、「キャンプの指揮官から、黒人兵はフランス人女性と付き合ってはならないという布告が出されました。アレンが赤十字のテントでドーナッツとコーヒーをサービスしているフランス女に話しかけた時、白人の憲兵がそこにいて、話しかけないように注意したのですが、奴はそれを無視してしまいました。そしてその憲兵に背後から撃たれたのです」と語っている。イギリスやオーストラリア、太平洋地域でも同じような事態が発生した。

黒人新聞の人種差別糾弾

軍当局は、黒人に対する人種差別的暴力事件の犠牲者を交通事故や戦闘での死亡として発表するなど事態の隠蔽《いんぺい》を図った。一般新聞もこのような事件を取り上げることはまれだった。

黒人大衆に事実を知らせたのは黒人新聞だった。

黒人新聞が数多く発行されるようになったのは、一九世紀末のことだったが、当時読者の大半は都市に住むエリート層だった。しかし、第一次大戦を経て黒人新聞の読者は急増し、特に第二次大戦中に黒人新聞の役割は増大した。一九三三年に黒人新聞は毎週六〇万部購読されていたが、一九四五年には一八一万部に増えていた。

黒人新聞は、黒人兵に対する不当な取り扱いを暴露・糾弾した。戦争に動員された自分たちの仲間、息子、恋人、夫がひどい人種差別を受けており、改善要求にもかかわらず軍部や連邦政府は事態の改善に乗り出さなかったから、黒人の戦争への熱気が冷めるのも不思議ではなかった。

そこで、一九四二年二月、黒人新聞『ピッツバーグ・クーリエ』は、海外での戦争の勝利だけでなく、国内における民主主義のための闘争での勝利をも目指す「ダブル・V」というスローガンを提案した。このスローガンは、黒人たちの人種差別に対する怒りを、海外における戦争へのエネルギーへと転化する目的を持っていたが、同時に、国内の人種差別主義者たちを「国内のヒトラー主義者」と呼ぶことにつながった。一九四二年六月のマディソン・スクエア・ガーデンの大集会で、ある黒人兵は「僕は怖がってなんかいない。戦うのは平気だ。僕はヒトラー、ムッソリーニ、ジャップと戦う。だが、あの南部の白人どもにも、やられたのと同じ方法でやり返してやることも言っておきたい」と発言した。

ダブル・V運動への圧力

人種差別を糾弾する黒人新聞に対して、一般新聞が「一部の黒人新聞は即座の人種関係の革命を要求し、その結果、人種的憎悪をかき立てている」と批判した。『ピッツバーグ・クーリエ』は、「われわれは、黒人大衆を戦争努力に統合するためにこうしているのであって、もし黒人新聞や黒人指導者が存在しなかったなら、人種間暴力と流血の事態はもっと深刻になっただろう」と反論した。

連邦政府は、黒人新聞を野放しにして南部白人を離反させることを恐れると同時に、枢軸国側からの宣伝に利用されることも気にせねばならなかった。かといって治安維持を名目に黒人新聞をあからさまに弾圧すれば、黒人の士気を低下させかねなかった。FBIは、直接には手を出さなかったが、黒人新聞に関する詳細な調査を行い、郵政長官は、スパイ防止法による第二種取扱い（郵便料の特別割引）取り消しをほのめかして、各新聞に毎回紙面のサンプルを届けさせた。また、軍部は、黒人新聞の戦争取材に特別の便宜を与え、黒人の戦争への協力を誘導した。そして、黒人新聞の代表はどこまでの報道が許されるか、政府に話し合いを求め、その論調を緩和させることを申し合わせた。

だが、戦時中の人種間緊張は、政府や黒人指導者たちの小手先で沈静化できるような根の浅い問題ではなかった。

4　乗り出してきた白人リベラル派

戦時中の人種暴動

一九四三年には、アメリカ全土四七の都市で一二五の人種暴動が発生した。一九四三年六月二〇日に始まったデトロイト暴動は、特に深刻なものだった。猛暑だったこの日曜日の夕方、黒人地区のベル島に一〇万人が涼を求めて集まっていたが、そこでの白人と黒人の喧嘩《けんか》が引き金となって、全市を巻き込む人種暴動に発展した。怒った黒人たちは、黒人居住区のユダヤ人商店を略奪し、さらに白人地区にも向かった。これに対して、白人側は報復に出て、トロリーバス、映画館から黒人を引きずり出して暴行してまわった。火曜日にようやく連邦軍が出動した時には、すでに市全体の四分の三が暴動の影響を受けていた。黒人二五人、白人九人が死亡、一〇〇〇人近くが負傷し、二〇〇万ドルの被害が出た。

この年の春、雑誌『ライフ』は「デトロイトは、短い導火線をつけた火薬樽のようなもの」と警告していた。この都市には、軍需産業雇用に引き付けられて一九四〇年から一九四三年の間に白人五〇万人、黒人五万人が殺到し、この三年間だけで人口が三四パーセントも増えていた。都市機能の整備はとうてい間に合わず、特に人口過密の黒人居住地区の状況は劣悪で、結核死亡率は市全体の平均の五倍、乳児死亡率は二倍だった。

政府は公共住宅の建設に取り掛かったが、その九割は白人用だった。黒人用住宅が一九四二年に建設されたが、これが黒人地区と白人地区の境界地域に建設されたために、その地域のポーランド系住民がそれを白人用とするよう要求し、白人暴徒が黒人の入居を実力で阻止した。黒人の入居は二ヶ月後、警察官の保護のもとでようやく始まった。

デトロイト暴動　警察官に守られて黒人を殴打する白人暴徒. Paul E. Boyer, et al., *The Enduring Vision: A History of the American People*, D. C. Heath and Company, 1993 より

労働現場でも人種対立が激化していた。大統領行政命令に基づいて、全米自動車労組が軍需工場における人種平等化を推進し、連邦政府の指導を受けながら黒人の受け入れを進めたが、現場の白人労働者は容易にそれを受け入れようとはしなかった。黒人の昇格と職場の人種統合が発表されたのをきっかけに、現場の白人労働者が職場放棄に入る事態が続発した。全米自動車労組の全国指導部は「職場に戻らなければ除名する」と迫り、この職場放棄をやめさせたが、このような「ヘイト・ストライキ」は、デトロイトのいくつかの工場で発生した。

デトロイトの暴動は、黒人人口を多く抱える他の都市の自治体関係者に警戒心を呼び起こし、ニューヨークでは事前に対応策が検討された。ニューヨーク市長ラガーディアは黒人指導者とのつながりも深く、黒人指導者に協力を求めた。

しかし、ここでも八月一日に暴動が発生した。暴動は「白人警察官が二六歳の黒人兵を理由もなく後ろから撃ち殺した」とのハーレムからの噂がきっかけだった。しかし実際には、酔った黒人女性と白人警察官が口論し、警察官が黒人女性に暴行しようとしたのを止めに入った黒人兵士が、警察官によって肩を撃たれて負傷したということだった。

ラガーディア市長は自ら暴動の現場に急行し、黒人指導者の協力を得て黒人一五〇〇人に志願してもらい、同じ数の白人と組み合わせてパトロール隊を組織した。この暴動では、黒人と白人が衝突することはなく、黒人による白人商店に対する破壊・略奪と警察官との衝突がその中心だった。それでも結局五人が死亡、およそ六〇〇人が負傷し、五〇〇人が逮捕された。

南部の都市でも人種暴動が起こった。アラバマ州モビールは、軍艦建造工業の中心都市の一つだったが、アラバマ・ドライドック造船会社は、一九四三年五月、連邦政府の勧告を受け一二人の黒人溶接工を昇格させることを決定した。しかし、今まで白人だけに開かれていた技術職の職場に黒人が入ってきたことに、白人労働者が抗議し、二万人の白人労働者が職場を離れ、四日間にわたって黒人労働者を襲う暴動が始まった。

一九四三年の人種暴動の全国的同時発生は、黒人運動指導者にとっても、ニューディール政策を主導してきた白人リベラル派にとっても新たな対応を迫るものであり、一九四四年の大統領選挙を前にして、人種問題は新たな展開を見せることになった。

黒人の大きな前進

一九八〇年代の初め、かつてのプランテーション・ストアを借りて地元の黒人相手に細々と商売を続けていた黒人の老人ネッド・ハリソンは、その人生を振り返って「第二次大戦中に、わしらの生活のすべてが動き出した」と静かに語った。彼は戦時中に、それまで長い間暮らしてきたこのプランテーションを出て、ミシシッピ州の造船工場に働きに出かけた。

第二次大戦中に戦争特需による労働力不足と政府による戦争動員政策の恩恵を受けて、黒人の経済状態は好転した。多くの黒人が軍需工場で働き、黒人労働組合員数は、一九四五年には一〇年前の八倍に増えていた。NAACPの会員数も戦時中に一〇倍になった。軍隊での職業訓練や教育、そして彼ら自身の戦闘経験を通じて、黒人はかつてなく誇り高くなっていた。

しかし、一九四三年夏の全国的人種暴動は、黒人大衆のエネルギーを制御できなかった黒人指導者を狼狽《ろうばい》させ、彼らに方向転換を強いたばかりではなく、白人リベラル派の認識も大きく変化させ、一九四三年秋以降、政府の政策に新たな変化が生まれた。伝統的な黒人指導者たちは、白人リベラル派に頼って運動を進める路線に舞い戻り、白人の良心に訴え、立法と裁判所を通じた漸次的改革が必要だと主張した。

黒人運動が黒人大衆の直接行動から議会対策や裁判闘争に比重を移したのにはほかにも理由があった。黒人の北部大都市への大量移住によって黒人有権者の影響力がかつてなく大きくなり、北部の白人リベラル派に黒人のために働いてもらう条件が拡大したのである。

連邦政府の対応の変化

白人リベラル派は、ニューディール期には、ほとんど人種問題には注意を払わなかったが、まもなくナチスの人種理論に対する道徳的反発に基づいて「白人優越主義はもはや非道徳的となった」と主張するようになった。アメリカ政府は、「白人の人種差別主義は、安全保障を妨げる主張」だと認めた。一九四三年の末までには、人種関係改善を目指す両人種間協調委員会が全国各地に一〇〇以上も組織され、新聞やラジオがかつてなく頻繁に人種問題を取り上げるようになった。

一九三七年、カーネギー財団は、スウェーデンの経済学者グンナー・ミュルダールを招き、巨額の研究資金を投じて、黒人研究者を含むアメリカの社会学者を総動員してアメリカの黒人問題に関する全面的な調査研究を行わせた。その結果が一九四四年に『アメリカのディレンマ――黒人問題と現代民主主義』として出版された。この報告書は、「人種差別は、アメリカ民主主義の理想と黒人に対する処遇との矛盾を、白人が認識すれば解決可能である」と楽観的な見通しを立てていた。そして、「黒人差別の問題は、アメリカ白人の『心の問題』であり、教育を重視すれば解決できる。そのために連邦政府が指導的役割を果たすべきだ」と提案していた。この報告書の立場は、その後の民主党リベラル派の公民権政策の基本を構成するものとなった。

第二次大戦の末期になると、軍隊内の人種隔離は黒人の最大限動員を妨げ、彼らの士気を挫《くじ》くことが憂慮され、いくつかの政策転換が行われた。一九四四年二月、海軍は士官を除く乗組員が全員黒人という軍艦を二隻《せき》海上任務に就けたが、同年八月、すべての補助艦船に黒人を乗船させることにし、一九四五年夏までに海軍基地ではすべての施設の人種隔離が解かれた。陸軍では、黒人将校の数が少なく、彼らだけを集めて独自に訓練を行うことができなかったので、当初から白人と一緒に訓練が行われた。雑誌『タイム』は、「黒人と白人の士官候補生が、ジョージア州の訓練キャンプで肘《ひじ》を突き合わせて行進し、教室で隣に座り、同じ食堂で食べ、同じ兵舎で寝ている」と報告している。

陸軍次官ジョン・マクロイは、「黒人の士気を高めるためには、統合しかない」として、一九四四年七月、軍事基地内の施設の人種統合を命令した。部隊そのものはなお人種別のままだったが、この命令は最初の象徴的命令だった。

最高裁判所もこの時期に南部各州の黒人参政権剝奪制度に関し重大な一歩を踏み出した。

一九四四年最高裁判所が、「白人だけによるテキサス州の予備選挙制度は憲法違反だ」との判決を下したのである。

第四章　冷戦下の公民権運動（一九四六―一九六五年）

1　冷戦・赤狩りと人種差別

トルーマン辛勝の要因

終戦直前にローズヴェルトの死を受けて大統領に昇格したハリー・S・トルーマンは、一九四七年三月「トルーマン・ドクトリン」宣言を発し、アメリカは、国際戦略を反ファシズムから反共へと決定的に転換した。そしてまもなく、共産主義者や容共リベラル派を政治的、社会的に放逐する赤狩り旋風が全アメリカ社会で吹き荒れ、黒人公民権運動も大きな影響を受けることとなった。

そんな中で行われた一九四八年大統領選挙は、大都市の黒人票が大統領選挙の行く末を大きく左右することが意識され、具体的な対策が打ち出された歴史上初めての選挙だった。北部主要都市の黒人人口は、一九四〇年から一九四八年までの間に二〇〇万人増え、大きな州では黒人票が選挙結果を左右していた。

この選挙では、米ソ協調論者で元副大統領のヘンリー・ウォレスが、明確な人種隔離撤廃を掲げて進歩党を結成し立候補していたから、トルーマンにとっては、黒人票をどれだけ取り戻せるかが重要課題になっていた。

一九四六年一二月、トルーマンが、大統領公民権委員会を設置し、アメリカにおける人種関係改善について提言を求めると、まもなく同委員会は、反リンチ法・投票税禁止法・選挙権保護法の制定、軍隊内人種隔離撤廃、人種隔離機関への連邦補助金停止、恒久的公正雇用実施委員会設置、住宅人種隔離撤廃促進法制定などを勧告した。すでに述べたように一九四四年に出版された『アメリカのディレンマ』が、北部民主党の公民権政策の基礎となる考え方を打ち出しており、アメリカが「自由と民主主義」を掲げて世界戦略を展開していくためには、人種差別を解決する必要があるという問題意識がその基礎にはあった。

もしトルーマンがこの公民権委員会の勧告を無視すれば黒人票はウォレスに流れ、これを支持すれば南部白人が反発するだろう。選択を迫られた彼は、一九四八年二月、勧告支持を声明し、北部大都市の黒人票を獲得する道を突き進むことにした。七月の民主党大会で公民権法を支持する綱領が採択されると、これに抗議する深南部四州の代議員が退席し、州権党を結成して、ストロム・サーモンドを立候補させた。こうして民主党が三つに分裂し、トルーマンは、強力な共和党候補デューイに立ち向かわねばならなくなった。

トルーマンは七月二六日、連邦政府機関の雇用における人種差別撤廃と軍務に携わる者すべてに平等な処遇と機会を求める大統領行政命令を出し、さらに投票日直前には現職大統領として初めてハーレムに入り選挙演説を行った。その結果、黒人票の大部分がトルーマンに流れ、選挙では予想を裏切って彼がデューイを抑えて当選した。

この選挙は大都市の黒人票の重要性を示しただけでなかった。この選挙によって、黒人運動における反ソ反共主義者と米ソ協調・非反共主義者との対立が決定的となったのである。トルーマンは一九四七年三月、連邦政府職員忠誠審査令を発令して、アメリカ社会全体に広がる「赤狩り旋風」の口火を切ったが、A・フィリップ・ランドルフと全国黒人向上協会（NAACP）のウォルター・ホワイトは、はっきりと反ソ・反共路線に舵《かじ》を切り、ウォレスを支持したデュボイスやポール・ロブソンを「共産主義者」だとして非難し、黒人運動の指導権を掌握した。デュボイスとロブソンは海外でアメリカの評判を落とす宣伝活動をする可能性があるとの理由でパスポートを剝奪され、デュボイスの著作は全国の図書館から撤去された。

労働組合では共産党の影響力が強かった左派系組合が攻撃され、一九四九年、産業別労働組合会議（CIO）は共産党系の一一組合の追放を決定した。これらの組合は人種隔離撤廃に熱心だったから、彼らの追放はその後の黒人運動に大きな影響を与えた。

NAACPは、FBIに協力して内部の共産主義者と思《おぼ》しき人物を追放したが、同時に「赤狩り」からNAACPを守るために、統制が困難な下部組織の独自の活動を抑制し、裁判闘争にその活動を集中した。彼らの立場は、「世界での共産主義との闘いのためには、黒人の平等が必要だ」というもので、それは戦争への協力を取引材料にして譲歩を迫った「ワシントン行進運動」と共通するものだった。

一九五四年ブラウン判決

NAACPの人種隔離撤廃に向けた裁判闘争は、そのような環境のもとで着実な成果を上げた。彼らは当初は、一八九六年最高裁判所判決「分離すれども平等」の原則にとどまり、黒人に実質的な平等が保障されていない事実を取り上げることから始めた。一九三八年、ミズーリ州との裁判で、最高裁は黒人のための平等な条件を持つロースクールを設置することは義務であると宣言した。オクラホマ州が黒人のために別の座席や図書館の場所を指定する方式で黒人を州立大学に受け入れると、一九五〇年、最高裁は「平等には心理的、社会的要素が含まれる」として改善を求めた。「平等には心理的、社会的要素が含まれる」とは、「分離すれども平等」は実現不可能だとの判断と紙一重だった。

だが南部の初等教育の現場では、白人学校と黒人学校の統合は現実的だとは考えられていなかった。黒人生徒の保護者の多くは、スクールバスを白人学校なみに保障するなど黒人学校予算の拡充をまず望んでいたし、黒人教師は学校が人種統合されれば職を失うのではないかと心配していた。しかし、NAACP弁護士集団の指導者サーグッド・マーシャルは、

「分離すれども平等」原則への挑戦を決断した。

最高裁判所は、すでに全国各地のいくつかの地域で始まっていた、初等教育の人種隔離をめぐる裁判をひとまとめにして、「ブラウン対教育委員会」裁判として審理を開始した。五つの訴訟を一括して行った裁判の原告代表となったオリヴァー・ブラウンは、カンザス州の溶接工で、黒人牧師の補佐だった。彼は小学三年生の娘が近くの白人学校に通えず、遠くの黒人学校にバスで通わねばならないことに抗議して、訴訟に加わった。マーシャルの弁論の力点は、人種隔離教育が黒人児童の自尊心を傷つけ、拭いがたい劣等意識を刻み込んでいるという点にあった。

裁判は予想外に長引き、九人の判事の意見は割れたままだった。この時、この裁判で決定的な役割を果たす人物が登場した。それは裁判中に亡くなったフレッド・M・ビンソン最高裁判所首席判事の後任にドワイト・D・アイゼンハワー大統領が指名したアール・ウォーレンだった。彼は次期大統領候補と目されていた大物政治家で、当時カリフォルニアの州知事だった。一九四二年の日系人強制収容の際にカリフォルニア州の検事総長だった彼は、強制収容の推進者だった。彼の一貫した立場は、国家安全保障の立場に立って公民権について判断するというものだった。

ウォーレンはこの裁判の国家的重要性を十分理解していたので、裁判中に判事を一人一人訪ね、説得し、全員一致が得られるまで最終判決を出さなかった。そしてついに一九五四年五月一七日、全員一致で「隔離は本来的に不平等」との「ブラウン判決」が下されたのである。その判決は断定的な調子で次のように結ばれていた。

「子供たちを人種のゆえに分離して教育することは、黒人の子供に社会における自分たちの地位について劣等意識を抱かせ、その劣等意識は彼らの情操と頭脳とに癒すことのできない悪影響を与えかねない。……われわれは、人種分離の教育施設は本来的に不平等であると結論する」

一八九六年のプレッシー対ファーガソン裁判の「分離すれども平等」判決以来、人種隔離を国家の基本原理としてきたアメリカ合衆国は、ここに大きな方向転換を宣言した。この判決は、国内の社会的趨勢を読み取った判決だったばかりではなく、むしろより直接的には国家安全保障への配慮からなされたものだった。

戦後も頻発するリンチや暴行事件、人種差別的でっち上げ裁判事件は、アジア・アフリカ諸国で盛んに報道され、アメリカは、このような報道に神経をとがらせていた。アメリカに来た旧植民地諸国の外交官や留学生たちはアメリカの人種差別を自ら体験していたし、国際連合は人種差別に関するいくつもの報告書を提出していたから、アメリカ政府は何らかの手を打つ必要に迫られていた。一九五二年一二月、司法長官は最高裁判所に提出した意見書の中で「人種差別の問題を、世界で戦われている自由と暴政との闘争の脈絡の中で考えなければならない。人種差別は共産主義陣営の宣伝工場に材料を提供している」と述べていた。

このような背景のもとで下されたこの判決は、一般的宣言にすぎず、大統領アイゼンハワーはその実行には消極的な態度を取り続けた。

2　動き出した黒人と南部白人の総反抗

バスボイコット運動の始まり

しかし黒人たちは、このブラウン判決を新しい時代の始まりだと感じ取っていた。一九五五年の春、アラバマ州モントゴメリーのバスの中で一五歳の黒人少女クローデット・コルヴィンが、市条例に基づく運転手の命令に逆らい、白人にバスの席を譲らず「私がここに座るのは憲法に保障された権利です」と言って逮捕された時、この町での人種隔離立法への挑戦が始まった。

そしてこの年一二月一日木曜日の夕方、この町のバスで、白人に座席を譲ることを拒否して逮捕されたローザ・パークスは、その後一年間に及ぶバスボイコット運動の象徴的な人物となった。当時彼女は、デパートで裁縫師として働いていたが、すでに長いこと黒人公民権運動に関わってきた人物だった。夫レイモンドは、一九三〇年代にスコッツボロ事件に巻き込まれた少年の救援運動に関わり、ローザ自身は、戦時中「ダブル・V」運動に参加して、一九四六年には選挙権登録もしていた。そして彼女はこの年の夏、テネシー州にある南部労働・公民権運動活動家養成学校ハイランダー・フォークスクールの研修合宿に参加し、感銘を受けて帰ってきた。逮捕当時、ローザ・パークスはNAACPのモントゴメリー支部の書記を務めており、この日の昼休みには、黒人少女コルヴィンの弁護に当たっていたフレッド・グレイと打ち合わせをしていた。彼女は新たに運動を始めたというよりは、すでに一九三〇年代に始まっていた「長い公民権運動」の担い手だったのである。

ローザ・パークス逮捕の知らせは瞬く間に黒人コミュニティーに広まり、NAACP支部長のE・D・ニクソンは、公共交通の人種隔離撤廃要求裁判の原告となるよう彼女を説得し、ローザはそれを受けることにした。そして、ニクソンの呼びかけで黒人指導者の会議が開かれ今後の行動が検討された。すでにこの町では、中産階級黒人女性を中心に女性政治会議が組織されており、黒人大学の教員だったジョー・アン・ロビンソンによって、ローザ・パークスの公判に合わせて次の月曜日一日だけのバスボイコットを呼びかけるビラが翌朝までに印刷され、さっそく黒人コミュニティーに配布された。

この運動は、NAACPのマーシャル弁護士に報告されたが、あくまでも地元の人々が自発的に始めた運動だった。そして予定された一二月五日月曜日、ボイコットの訴えは圧倒的な支持を受け、黒人居住区でバスに乗る者はほとんどいなかった。その日の午後、黒人指導者は一堂に会し、モントゴメリー改善協会を作り、ボイコットを継続すること、マーチン・ルーサー・キング牧師を運動全体の指導者に迎えることを決定した。キングは当時まだ二六歳で、この町のデクスター教会に着任したばかりだった。

マーチン・ルーサー・キングの登場

キングの父親はアトランタの黒人牧師で一九三〇年代から公民権運動に関わってきた。息子のマーチンも、社会的責任を果たすことを目標に神学を学び、ボストン大学で博士号を取得した後、ここモントゴメリーに来て南部の現実に立ち向かう覚悟を決めていた。キング牧師はその後、黒人公民権運動の超越的指導者になったが、反共ヒステリーの時代にあって、彼がそのような役割を果たしえたのは、牧師は「赤狩り」の対象にしにくかっただけでなく、彼が旧来の運動組織の勢力争いとは関わりがなかったことも要因だった。また彼が並はずれた思想的高みに立つ勇気ある宗教指導者であり、大衆運動家としての柔軟で鋭い感性を備えていたことも重要な要因だった。彼はボイコット継続を決めた集会参加者に呼びかけた。

「もし私たちが間違っているというなら、この国の最高裁判所が間違っているのです。もし私たちが間違っているというなら、全能の神が間違っているのです。将来歴史の本が書かれる時、誰かがきっと、『自分たちの権利のために立ち上がった道徳的勇気を備えた黒人という人種が、ここに住んでいた』と書くに違いありません」

バスボイコットは、自家用車の相乗り組織作りや、広報活動、継続的集会活動に支えられて、白人たちの激しい攻撃や策略をはね返し、約一年間続いた。そして、一九五六年一一月一三日、最高裁判所が「人種隔離バスは憲法違反」との判決を下し、一二月二〇日には強制執行命令がモントゴメリーに届いた。こうして、ボイコット三八二日目の翌二一日の朝から黒人たちは初めて、それまで黒人が座ることが法律で禁止されていたバス前方の座席に合法的に座った。

黒人大衆の結束した力の見事な勝利だった。それは、黒人大衆が非暴力的な直接行動によって、その意志を示す大規模な運動を予告するものだった。この運動の中で黒人教会の指導者で組織された南部キリスト教指導者会議（ＳＣＬＣ）が結成され、運動を全南部に広げていく準備を開始した。だが、さらに前進するためには、法律で黒人を排除している施設への侵入が必要だった。それは慣行と現行法を犯す行為であり、白人による暴力と逮捕を覚悟する必要があった。

南部白人の総反抗

これに対し南部白人は、どんな犠牲を払ってでも白人優越体制を維持する覚悟だった。一九五五年の夏にミシシッピ州マニーで起こったエメット・ティル少年殺害事件は、全国的な注目を集めた。夏休みにシカゴからこの町に遊びに来ていたエメット・ティル少年が、南部の「人種エチケット」を理解せず、白人女性店員に声をかけたことをとがめられ、白人男性によって連れ去られ惨殺されたのである。しかし、その犯人が特定され、証拠も挙がっていたのに、地元の白人陪審員は無罪判決を下した。しかも、彼らは裁判の後、事件の経緯を『ルック』誌に告白し、数千ドルの原稿料を手にしたことを自慢げに語った。エメットの母親は、彼の遺体をシカゴに持ち帰り、暴行と銃弾によって原形をとどめない息子ティルの姿を葬儀参列者に見てもらい、新聞記者たちに撮影させた。

この年、南部各地で、指導的な企業家、ホワイトカラー専門職、牧師たちが白人市民会議を組織し始めた。彼らは、人種隔離に挑戦する黒人に対して、解雇や借家からの追い立て、信用貸しの拒否などの経済的制裁を加えた。クー・クラックス・クラン（KKK）の組織化も進み、その教会爆破や殺人行為などの暴力行為が目立ってきた。

そして一九五六年三月一二日、旧南部一一州の下院議員一〇六人中八二人、上院議員二二人中一九人、合計一〇一人の議員が、ブラウン判決を拒否し、人種隔離と南部的生活様式を維持する覚悟を記した「南部宣言」を発表した。そして、南部五州で公立学校の人種隔離を強化する少なくとも四二の法律が作られ、人種統合教育を目指すNAACPの活動家に対する暴力行為が頻発し、アラバマ州ではNAACPの州内での活動が非合法化された。

この直後から、アラバマ州のジョージ・ウォレス知事のように徹底的な人種隔離主義を主張して白人大衆からの支持を得て、州政府の中枢を握る政治家が各地に現れた。ジョージア、アラバマ、サウスカロライナの各州では、一九五六年以後、州議事堂に南軍旗が掲げられるようになった。

それは、モントゴメリー・バスボイコット運動の粘り強い展開に脅威を感じていた南部白人の決意を示す出来事だった。そして、この「南部の総反抗」は、この時代に全国で猛威を振るっていた「赤狩り旋風」を追い風にしていた。ヴァージニアの聖職者ジェリー・フォルウェルは、「最高裁判所判決は、モスクワに吹き込まれたものだ」と主張し、人種隔離撤廃を主張する人物を「共産主義の手先」だとして攻撃した。「赤狩り」は黒人公民権運動を大幅に遅らせる役割を果たしたと言われている。

3 「黒人革命」と公民権法の成立

高度経済成長と南部農業の変貌

第二次大戦後、アメリカ経済はかつてなく安定した長期の成長局面に入り、一九四五年から一九七〇年まで、国民総生産は全体として五倍になった。白人ブルーカラー労働者の収入は増え、妻の稼ぎにも支えられて、政府から低利の融資を受けてその多くが郊外に住宅を持つようになった。彼らの子供たちは大学に入り、中産階級化した。好景気が続く中で、帰還兵をはじめ多くの黒人も奨学金を得て黒人大学に進学した。文字通り「豊かな社会」が実現したかのように見えた。

だが現実には郊外の豊かな社会からは見えない深い貧困が、アメリカ全土に広がっていた。

それを最もショッキングな形で一九六二年に国民の前に提示したのは、マイケル・ハリントンの『もう一つのアメリカ』だった。それによれば、一九六二年、四人家族で年収四〇〇〇ドル、単身者で二〇〇〇ドルの「貧困ライン」以下で暮らしていたのは全人口の四分の一にあたる四二〇〇万人だった。

戦後、軍需産業や軍事基地が存続したため、南部農業は恒常的な食糧需要に恵まれ、農業の多角化が進んだ。また、綿摘み機の開発が進み、一九五〇年代にはほとんどの地域に導入され、加えて化学肥料と除草剤が使用されるようになったため労働コストが大幅に削減され、生産性が飛躍的に向上した。例えば、一九三〇年代に世界最大規模を誇るとされたプランテーション、デルタ・アンド・パインランド社は、当時二〇〇〇家族の黒人小作農を抱えていたが、一九七〇年代には、その大半を放出し、多くが博士号を持つ五〇人の技術者を抱え、大豆や綿花、米の種子開発などを手掛ける近代的大農場に変貌していた。こうして、南部からプランテーションは姿を消した。その結果、一九五〇年代以後、南部の大地は化学肥料と除草剤で汚染され、農村黒人は、全国の大都市中心部に押し出され、今や黒人は、アメリカで最も都市的な人種集団となった。

黒人学生たちの直接行動

バスボイコット運動の終結から三年、黒人の大衆運動は、「南部白人の大反抗」に抑え込

グリーンズボロの学生座り込み　Clayborne Carson et al., *The Struggle for Freedom: A History of African Americans*, Pearson Education, 2011 より

まれた。しかし、ついに一九六〇年二月一日、ノースカロライナ州グリーンズボロで四人の学生によって火の手が上がった。

四人の黒人学生はこの日の午後、雑貨店兼簡易食堂で歯磨き粉などを買った後、カウンターに座ってコーヒーとドーナツを注文した。彼らの行為は、この地における人種慣行への正面からの挑戦だった。白人店員に拒絶され、集まってきた白人たちから軽蔑の言葉を浴びせられ暴行を受けた彼らは、じっと耐え、閉店までそこに座り続けた。それは全南部を揺さぶる歴史的事件の始まりだった。翌日、彼らの友だち二三人がやってきて同じことを繰り返し、その翌日には六六人、さらにその翌日もその数は増え、ついに一週間後には一〇〇人を超える学生が行動に参加した。あたかもこの世代の黒人青年男女すべてが、何かを待って準備をしていたかのようだった。このニュースを聞いた黒人学生が南部主要都市で次々と立ち上がり、数ヶ月のうちに南部の約一〇〇都市で少なくとも五万人の学生が座り込みに参加し、三六〇〇人が逮捕された。少数ではあったが白人学生もこの中に混じっていた。「座り込み」に参加した学生たちは、タバコの火を押し付けられたり、殴られたりしてもじっと耐え、彼らの「正義」を行動で示した。

最初に座り込んだ四人の学生のうち三人は、グリーンズボロ出身で、両親は熱心な活動家だった。彼らは黒人名門校ダドリー高校で教師たちから譲り渡すことのできない人間の尊厳、自由の権利について学んでいた。彼らの教会の牧師も古参の公民権運動家だった。

前の晩、学生寮で彼ら四人は話し込んだ。最高裁判所判決があって以来、自分たちの身の回りで起こっている不正義をこれ以上許しておいてよいのか。あの判決を聞いて以来、何が変わったというのか。こうして四人は、翌日の午後作戦を決行することを決めた。「僕らはみんな怖かった。でも、僕らは出かけていって実行した」と彼らの一人は語った。

二〇歳にも満たない四人の勇気ある行動は、全南部の黒人青年の魂を揺さぶり、立ち上がらせた。それは「ボストン・ティーパーティー」になぞらえて「グリーンズボロ・コーヒーパーティー」と呼ばれる歴史的な運動となった。

しかし、彼らの行動は自然発生的で、相互に連絡がなく指導部もなかった。この運動を組織的な運動に発展させるために力を貸したのが、戦前からの活動家でSCLCの執行書記だったエラ・ベーカーだった。彼女は南部の学生活動者会議を開くよう呼びかけ、ここには南部各州の学生代表のほか北部の大学からも代表が集まってきた。学生たちに向かってキング牧師は、「大人たちの無気力と自己満足に対する反逆、監獄に入る勇気を持った突撃隊の創出」の必要を呼びかけた。こうしてSCLCから独立した約一五〇人の活動家によって構成される学生非暴力調整委員会（SNCC）が組織されることになった。彼らは大学を一時退学して活動に専念した。

NAACPの指導部は、この運動が起こることを全く予測していなかった。この学生たちは、冷戦・反共主義の枠組みで社会の出来事を理解せず、戦後の急激な進学率向上の中で、自分たちの経済的・社会的上昇の障壁として人種隔離の不当性を意識していた。またこのころ、アメリカの黒人大学で学んだアフリカ出身の黒人学生が母国に帰って独立運動に参加し、これらの国々が次々と独立していたことも、ここ南部の黒人学生たちに勇気を与えていた。

こうして、冷戦・赤狩り旋風の中で窒息しかけていた社会改革運動が再び勢いを盛り返し始めた。

「自由乗車」運動の圧力

一九六〇年大統領選挙で、共和党候補のリチャード・ニクソンを投票総数わずか一一・三万票の差で破った民主党候補のジョン・F・ケネディーの勝因は、またしても大都市の黒人票の大部分を確保したことだった。黒人街に積極的に入って選挙演説を繰り返したケネディーは、連邦公営住宅の人種統合を約束し、選挙期間中、ジョージア州の監獄に収監されていたキング牧師の釈放に尽力した。

しかし、その彼も当選後、トルーマンと同様、公民権のためには具体的に動こうとしなかったばかりか、連邦政府の高官に人種隔離主義者を何人も任命した。

これに対して、非暴力的抵抗を掲げて結成されていた人種平等会議（CORE）は、「自由乗車」運動を始め、ケネディー政権を揺さぶった。それは、州境を越えて走る州際バスに白人と黒人が一緒に乗り込んで、州際バスの人種隔離を違憲とした最高裁判所判決を、ケネディー政権が守る覚悟があるかどうかを試す挑戦だった。彼らは一九六一年五月四日、七人の黒人と六人の白人をワシントンDC発・ニューオーリンズ行きのバス二台に分乗させて出発させた。乗車運動のメンバーたちは、待合室やトイレの「白人専用」「黒人専用」の掲示を意図的に無視して人種隔離に挑戦したが、アラバマではバスの中に燃えたタイヤを投げ込まれ、バットや鉄パイプで殴打され、瀕死《ひんし》の重傷を負った。それでもFBIは動こうとはしなかった。

しかし、彼らが暴行を受けている姿や、重傷を負いながら「自分たちは正義のために活動はやめない」と病床で証言している白人活動家の姿が撮影され、全国に報道された。南部白人の無法な暴力に対して、SNCCはひるまず、自由乗車運動への参加者を募り、中には遺書を仲間に託して参加してきた学生もいた。アラバマ州バーミングハムではユージン・「ブル」・コナー警察署長が全員の逮捕を命じ、車に乗せて州境まで連れていって野原に置き去りにした。それでも学生たちは、バーミングハムに戻って再びバスに乗り込んだ。しかし、このバスが次のモントゴメリーに着いた時には、白人暴徒は一層激しい暴力を彼らに加えた。その晩、キング牧師が黒人教会で開かれた彼らを励ます集会で演説したが、この教会は白人暴徒に囲まれ、一触即発の状況になり、FBIとアラバマ州兵が出動するまで彼らは解散できなかった。

黒人学生たちのこのような非妥協的姿勢は、キングをはじめとする黒人運動の「大人」たちをも動かし、また、連邦政府も介入に動き出さざるをえない状況を作り出した。ケネディーの弟ロバート・ケネディー司法長官はSNCCの代表と会見し、南部白人の暴力を引き起こすような直接行動を控えて、運動を投票権登録運動に集中するように勧め、活動資金調達の斡旋を申し入れた。

バーミングハム闘争

ためらっていたケネディー大統領を大きく突き動かす直接のきっかけとなったのは、一九六三年アラバマ州バーミングハムでの黒人大衆の大規模な非暴力直接行動だった。

バーミングハムは、南北戦争後に炭鉱や鉄鋼業を中心に発展した鉱工業都市で、ここでは、多くの黒人囚人が強制労働させられてきた。その後も黒人労働者に対するむき出しの抑圧と差別が続き、警察官による暴行、KKKによる黒人居住区への爆弾投げ込みは、日常茶飯事だった。人々はこの町を「ボミングハム（爆弾の町）」と呼んでいた。

　運よく無事刑期を終えて出所した黒人四人労働者の多くは、労働経験を通じて習得した技術と労働者としての誇りを持って、この町に残って黒人労働者のコミュニティーを形成した。ここバーミングハムでは、一九五〇年代には、これらの労働者を基盤にフレッド・シャトルズワース牧師を指導者とする公民権運動が成長していた。

　そして一九六三年一月、SCLCは、バーミングハムにおける公共施設の人種隔離撤廃を要求する黒人運動を全面的に支援することを決定し、その準備をヴァージニア州出身のSCLC幹部だったワイアット・ウォーカー牧師に依頼した。彼は、行動に参加し警察に逮捕される覚悟を持った二五〇人の有志を集め、行動計画を練るための予備調査活動を行った。彼は、「われわれはバーミングハムで失敗するかもしれないが、ここで成功すれば全南部で成功できる。この町に緊張と危機を引き起こすことによって連中を交渉に引き出すことができる」と述べていた。

　当時、バーミングハムでは政治的危機が発生していた。直前に、市長選出方式を市議会による選出から直接選挙方式に変更することが決まり、選挙が始まっていた。一九二〇年代からKKKのメンバーで警察・消防署長を長いこと務めてきたユージン・「ブル」・コナーが、この選挙に立候補していたが、四月二日の選挙では、より柔軟な立場に立つアルバート・バウトウェル候補が勝利を収めた。しかし、コナーは市長選挙方式の変更が発効するのは、その年の一〇月であるとして警察・消防署長に居座り、黒人公民権運動の弾圧を最前線で指揮し続けた。バーミングハムの市政府には二つの執行部ができたのである。

紛争が長引けば、外部資本の誘致が困難になるだけでなく、資本流出も恐れなければならず、実業家の中には、人種隔離制度維持コストを軽減し、方向転換を望む声が高まっていた。バーミングハム商工会議所の会頭は、一九六一年五月、日本を訪れた際に、バーミングハムでバスが焼き打ちにあっている写真を日本の新聞で見てショックを受けた。

ウォーカー牧師は、選挙前に直接行動を始めれば、コナーがそれを口実に白人有権者の恐怖感を煽って選挙に利用するだろうことを考慮して、選挙が終わるまで行動を開始しなかった。そして、選挙の翌日の四月三日、白人向けデパートとレストランに活動家を送り込み、四〇日間にわたる「プロジェクトC」(対決)と呼ばれる行動計画を開始した。行動の参加者は、厳格な研修のうえ、「非暴力的行動の規律に従う」ことを宣誓・署名させられ、計画的に人数を設定して送り出した。対象は、図書館、ランチカウンター、中心街の商店、公園、白人教会などに広がり、そのつど行動に参加した黒人たちは逮捕され、キング牧師もまもなく逮捕された。

特定の南部の都市で黒人が抗議行動に立ち上がっても、それだけではその地域の力関係を変え、具体的な成果を上げることができないことを、キング牧師らはこれまでの運動で学んでいた。彼らは非暴力的示威行動によって活動家たちを次々と逮捕させ、全国の注目を集めて国民世論を味方に付け、連邦政府をこの運動に巻き込み、バーミングハムの白人指導者を交渉の場に引きずり出すことを目標にしていた。

しかし、地元の保守的黒人牧師や白人牧師は、「プロジェクトC」の戦術は「配慮のない時期尚早な」やり方であり、SCLCはできるだけ早く町を出て、自分たちに後を任せるよう拘置所にいたキングに忠告した。キング牧師は、拘置所から「なぜわれわれは待てないのか」と題する手紙を書き、「黒人たちが日常的に直面している恐怖と軽蔑を理解しない者には、この戦術を理解できないかもしれないが、黒人は、法的手続きのルートを外れた直接的行動によって危機を作り出すことでしか白人当局者に譲歩を迫ることはできない。われわれは永久に待ってはいられないのだ」と訴えた。この手紙は新聞などを通じて広く国民に伝えられ、黒人歌手ハリー・ベラフォンテらがキング支援の資金集めに奔走し始めた。

五月の初めまでに逮捕者は三〇〇〇人に達し、具体的な成果が見られない中、決定的な戦術が提起された。運動に参加した大人たちは逮捕され、経済的に立ち行かなくなっていたが、子供たちは逮捕されても経済的な打撃にはならないことを考慮して、ジェイムズ・ベヴェル牧師は、行動に子供たちを参加させることを提案したのである。五月二日、三日に決行された子供たちの抗議行動には六歳から一六歳までの黒人六〇〇〇人が参加し、集会場になっていた一六番街バプティスト教会から次々と白人教会に向けて行進を開始し、合計九五九人の子供が逮捕された。

この行動に対して、コナー署長の指示を受けた警官隊は子供たちに棍棒《こんぼう》で襲いかかり、警察犬をけしかけた。消防士は高圧ホースで放水し、子供たちを吹き飛ばした。この様子がテレビで全国放映され、世界中をその映像が駆け巡った。バーミングハム市当局のやり方に対する国民の批判が高まり、キングが指導する非暴力的運動への共感も高まった。アメリカが冷戦でソ連と支持を競い合っていた低開発地域の人々が、黒人が残酷な扱いを受けている姿を見て、アメリカのイメージを悪化させたことは確かだった。こうしてケネディー大統領は動き出さざるをえなくなった。

動き出したケネディー

ロバート・ケネディー司法長官は、ニューヨークの大企業の人脈を使ってバーミングハムに支社がある企業と連絡を取り、実業家たちを交渉のテーブルに着かせるよう圧力をかけた。彼は、司法次官バーク・マーシャルを現地に派遣し、交渉が開始された。五月一〇日には、SCLCと市内の実業家代表、選出議員代表との交渉妥結が発表された。こうして、市内の実業家を中心とする白人指導層によって、一定の期間のうちに中心街の施設を人種統合すること、今まで門戸を閉ざしてきた職種に黒人男女を雇用することが約束された。国防長官ロバート・マクナマラと財務長官C・ダグラス・ディロンが、全国民の目が集中していたバーミングハムの交渉成立の場に到着した。まさにバーミングハムは国家的安全保障の問題でもあったのである。

しかし、次の日に地元のKKKは集会を持ち、このような合意は認められないと宣言し、一一日、SCLCの本部が置かれていたガストン・モーテルとキング牧師の弟が住んでいた家に爆弾が投げ込まれた。このような事態に憤慨した黒人たちが、運動指導部の指導の枠を飛び出して、白人に対する暴力的反抗を始め、市内が騒然たる事態に陥る危険性が迫った。

ケネディーは、事態を一自治体に任せてはおけないとして連邦軍を派遣し、五月一〇日の合意を守らせる立場を明確にした。そして、五月二三日には、アラバマ州最高裁判所は、コナーの警察・消防署長の地位剝奪を命令した。

バーミングハムにおける「プロジェクトC」運動は幸運なことに一人の死者も出さずに成功を収めたが、これは黒人大衆がともかくも指導者のもとに結束して「非暴力」の枠内で行動した結果でもあった。バーミングハム闘争と呼応して、この年の春から夏にかけて全国の一一五都市で九三〇回の直接行動が行われ、バーミングハムでの合意後三週間以内に、一四三都市で何らかの人種統合が合意された。この運動全体で二万人が逮捕され、一〇人が殺害された。この運動の一つの特徴は、これまでの学生中心の運動から黒人労働者階級多数を含むものに変わっていたことだった。

国民の祭典としてのワシントン行進

六月一一日、ケネディー大統領はテレビで演説し、バーミングハムにおける黒人に対する弾圧の映像を「恥ずべきシーンであり、そのカメラ映像はどんな多くの説明的言辞よりも雄弁だ」とし、「この国は道徳的危機に瀕している」とも述べて、かつてなく強力な公民権法を議会に提案することを発表した。それは「南部の社会的経済的安定を図り、冷戦を戦うアメリカが国際政治を有利に展開し、国内の根深い不満に対処するためには避けられないことなのであるが、何よりもそれは『正義』にかなった政策なのである」と国民を説得した。ここに至っても「冷戦を戦うアメリカが国際政治を有利に展開し」という言葉が、その基本目的として掲げられ続けていることは、この公民権法の性格をよく示している。人々がこの公民権法を「冷戦公民権」法と呼ぶゆえんである。

黒人運動の指導者たちは、ケネディーが公民権法案の骨抜きを受け入れてしまうことを恐れていた。そこで黒人たちは、ケネディーが動揺せず公民権法を確実に成立させるよう圧力をかけるために再び「ワシントン行進」を実施することを決定した。六月二二日には、キング牧師とA・フィリップ・ランドルフなどの黒人代表が、ケネディー大統領とホワイトハウスで会談し、「ワシントン行進」の構想を説明し、公民権法を成立させる必要を訴えた。ケネディーは、集会が秩序立って行われるなら、政府はこれを支持すると約束した。

国民世論の支持を勝ち取ることを目的とした八月二八日のワシントンでの集会は、決して暴力的混乱を起こさず、逮捕者を一人も出さないことが目指された。そのために、集会の準備は周到に行われた。悪天候への備え、救急医療態勢、輸送態勢、トイレの準備、飲み水、食料の準備が検討され、集会にどんな服装で集まり、どこに誰が集まり、どんなプラカードを掲げ、どんなスローガンを唱和するか、そして何よりも、どのような演説や演奏を行うかなどが細かく決められた。

ワシントン行進の集会で演説するキング　Paul E. Boyer, et al., *The Enduring Vision: A History of the American People*, D. C. Heath and Company, 1993 より

当日この集会には二〇万人を超す人々が全国から集まり、そのうち白人は五万人に及んだ。真夏の太陽のもと、多くの集会参加者は教会に行く時のように正装して現れた。全国にテレビ放映されたこの集会では、この国が新しい高みに到達し、さらに先に進むことを訴える演説が続いた。労働運動の指導者ランドルフは、「われわれは仕事と自由のための一大道徳革命の前衛部隊なのです。白人の友人たちは、私たちが自由でない限り自由にはなれないことを知っています」と白人との連帯を呼びかけ、バーミングハム闘争の指導者シャトルズワース牧師は、「わが国を愛するがゆえに、

この国がわれわれを必要としているがために、またわれわれにはこの国が必要だから、ここに来たのです」と述べた。

最後に壇上に上がったキングは、有名な「私には夢がある」と題された演説で、この黒人公民権運動がキリスト教的理想および「自由と平等」というアメリカの根本的原理のための運動であることを宣言し、広く白人アメリカ人に支持を呼びかけた。集会参加者は、「人種的調和というアメリカの夢」に浸るアメリカ民主主義の国民的お祭りを秩序正しく遂行した。

ここでは、南部で黒人活動家たちが白人暴徒の無法な暴力によって傷つき殺されていること、連邦政府がそれを見て見ぬふりをしてきたことについて批判する発言は一切行われなかった。SNCCの代表ジョン・ルイスの演説草稿は事前にチェックされ、連邦政府を批判し戦闘的運動を呼びかける部分は削除された。ちなみにこの集会の演説者の中には、女性は一人もいなかった。

このワシントン行進の成功は、アメリカが人種差別問題に真剣に取り組んでいる証拠として世界中で広く宣伝された。

一九六四年公民権法の成立

ケネディーの公民権法案は南部の激しい抵抗にあい、南部白人テロリストの暴力行為はますます狂暴になっていた。九月にはバーミングハム闘争の中心になっていた一六番街バプティスト教会に爆弾が投げ込まれ、黒人少女四人が殺害された。

保守勢力は様々な予算法案を巻き添えにして徹底的にケネディーに抵抗し、「ケネディーは次の選挙で負けるかもしれない」と囁《ささや》かれるようになっていた。そして一一月二二日、「現在のような、……不満といら立ちに満ちている世界では、アメリカの指導者は、知性と理性に従わねばならない」との演説草稿を持って、テキサス州ダラスに降り立った彼は、パレードのさなか公衆の面前で暗殺された。

ケネディーの死によって大統領に昇格したリンドン・B・ジョンソンは、テキサス州出身の民主党員だったが、一九五六年「南部宣言」が発せられた際にそれに署名しなかった南部上院議員三人のうちの一人だった。彼は、ケネディー暗殺の五日後、上下両院合同会議で演説し「ケネディーの栄誉を称《たた》えたいとお考えなら、まず一刻も早く公民権法を通過させることです」と述べた。

一九六四年二月一〇日、下院はこれを三分の二以上の賛成で通過させたが、南部民主党はなお頑強に抵抗し、上院では五〇〇を超える修正案が提出され、議事妨害のための長時間演説が延々と続いた。しかし結局六月一九日に、上院でもこの法案は七三対二七で通過し、七月二日に大統領の署名が行われた。

この公民権法は、連邦司法長官に強い権限を与え、アメリカ市民を差別から保護するための裁判を連邦の権限で起こすことができるようにした。その第一編は、投票権登録の際の読み書きテストを禁止し、その他の恣意的な投票権排除行為を禁止した。第二編は、公共施設とは何かを詳しく具体的に列挙したうえで、差別差し止め命令による救済が行えることを規定している。第四編は、学校教育の場での人種隔離撤廃のために連邦教育局が調査を行い、必要な場合は司法長官に提訴を含む適切な措置を取る権限を与えた。第六編は、連邦政府の補助を受けて行われているプログラムに差別的扱いが認められた場合には、その助成を打ち切ること、第七編は、人種や性、出身国による雇用差別を禁止することを規定した。

4 投票権法の成立

ミシシッピ・サマープロジェクト

深南部農村では公民権法は日常生活にほとんど変化をもたらさなかった。この地域の社会変革のためには、剝奪されていた黒人の参政権を奪い返すことが必要だった。黒人たちは参政権を取り戻すため、投票権登録運動を始めた。これらの地域の多くでは黒人が人口の過半数を占めていたから白人たちは必死で抵抗した。多数の黒人が投票権を登録しようとして、傷つき殺された。白人支配層は、黒人に経済的制裁を加え、ところ構わず暴力を振るった。この運動での特に目立った特徴は、ミシシッピ州の小作農ファニー・ルー・ヘイマーのような勇敢な黒人女性が次から次へと登場し、運動の中心的役割を担ったことだった。「どこにも『おふくろさんたち』がいた」と若い活動家は語っている。

一九六四年夏のフリーダム・サマー運動は、北部有名大学の白人学生多数を動員してミシシッピ州の黒人の有権者登録を援助し、国民の目をミシシッピの現実に向けさせる狙いを持って取り組まれた。現地の白人暴徒と警察は、ミシシッピの人種慣行に挑戦して「ミシシッピを征服しにやってきた北部の連中」に、激しい敵意を燃やして攻撃を加えた。ジーン・ハックマン主演の映画『ミシシッピー・バーニング』（一九八八年）は、一九六四年六月二一日、爆弾を投げ込まれ焼失した黒人教会の調査に出かけた黒人一人、白人二人の活動家が、警察に逮捕され、釈放された直後に行方不明になった事件を題材にしている。FBIの捜査の結果、三人は、四五日目に土手の奥深くから死体になって発見され、犯人が特定された。それでも州当局は犯人を殺人罪で起訴しなかった。しかし、連邦政府は、つい先ごろ成立した公民権法に基づいて、この犯人たちを起訴し、七人に対して三─一〇年の有罪判決が下された。

南部の白人たちがどんなに暴力を振るっても罰せられない時代は終わりつつあった。それでも南部白人暴民たちは、選挙に関わろうとする黒人たちに物理的・経済的制裁を加えることをやめなかった。FBIはこれを放置したばかりか、多くの場合、黒人公民権運動を危険視して、彼らの電話に盗聴器を仕掛けるなど抑圧の側に回っていた。

このフリーダム・サマー運動には、約一〇〇〇人の学生が参加したが、六人が殺され、三五人が銃撃を受け、六六の黒人教会その他の建物が爆破・放火された。だがこの「内乱」は、再建期のそれとは異なって、黒人にとっての敗北の始まりではなく勝利の始まりだった。

地元の黒人たちは、外部からの支援を受けてミシシッピ自由民主党を結成し、すべての有権者に門戸を開放して代議員選挙を行い、一九六四年民主党大統領候補指名大会に代表を送った。彼らは、ミシシッピ州の民主党は裁判所命令に反して白人だけで予備選挙を行っており、したがって代議員としての資格がないと主張し、自分たちを正式に代表席に座らせるよう要求した。代表だった黒人女性小作農ファニー・ルー・ヘイマーは、テレビの前で堂々と演説し、全国の視聴者に深い感銘を与えた。

ジョンソンは黒人たちの要求を受け入れず、ミシシッピ州の代議員のうち二議席だけを彼らに割り当てる妥協案を示した。ヘイマーは「私たちは命の危険を押してここに来ました。……これがアメリカでしょうか？　私たちは二つの議席のために遠くからはるばるやってきたのではありません」と妥協案を拒否して退席した。

キングは一九六四年大統領選挙でジョンソン支持の立場を明確にし、選挙期間中は黒人運動に対して暴力に発展する可能性のある直接行動を控えるように求めた。すでに北部では彼の非暴力直接行動主義への不満が高まっており、まもなく毎年夏には大規模な人種暴動が全国で繰り返し起こるようになったから、彼の憂慮にはそれなりの根拠があった。

マルコム・Xの暗殺

一方、北部都市の黒人の中では、「ネイション・オブ・イスラム」のスポークスマンのマルコム・Xが、「統合されたコーヒー一杯（白人と一緒の場所で食事をしたりコーヒーを飲んだりすることが許されるようになったことを比喩的に語っている――筆者注）で、三一〇年間の奴隷労働を償ってもらったというわけにはいかない。……この国の制度は黒人に自由を保障しない白い悪魔のための制度だ」とし、黒人の自由のためには白人社会からの離脱こそが必要だと唱え、さらに自衛のための武装抵抗を肯定しさえした。彼は都市黒人大衆の間で広い支持を集めていた。

しかしマルコムは、一九六四年三月「ネイション・オブ・イスラム」を離れて、イスラム教徒の聖地メッカを訪ねる巡礼の旅に出た。彼は各地のイスラム教徒と話し合う中で、白人を敵とする排外主義を撤回し、世界中の従属地域の人民との連帯が必要だと考えるようになった。帰国後、彼はキングの公民権運動とも接近を試みたが、まもなく一九六五年二月に暗殺されてしまった。

セルマ行進をめぐる攻防

一九六四年公民権法には黒人の参政権を保障する条項が明記されていたが、深南部では白人側の妨害で投票登録は阻止され続けていた。アラバマ州セルマでは、地元活動家とSNCCによる投票登録運動が保安官ジェイムズ・G・クラークによって暴力的に阻止されたが、ジョンソン大統領は投票権登録運動を保護することを拒否した。地元の活動家たちがキングに応援を求め、一九六五年二月、キングが駆けつけると彼は直ちに逮捕され、同じ時期に黒人活動家がこの町で州警察によって殺害された。こうしてセルマは全国的注目を集め、SCLCは、三月七日日曜日、セルマから州都モントゴメリーまで、投票権法要求デモ（「セルマ行進」と呼ばれる）を行うと発表した。

その日、約六〇〇人のデモ隊がキングやジョン・ルイスを先頭に、エドモンド・ペータス橋に近づくと、警察が行進中止を命令し、催涙ガスを発射し、退散するデモ隊に棍棒で襲いかかった。その様子がテレビで全国放送され、この弾圧事件は、「血の日曜日」事件と呼ばれた。

活動家たちは九日に行進を再開することにしたが、今回はいつもと違って連邦判事がこの行進に中止命令を出した。そしてジョンソン大統領や主要閣僚がキングにこの行進から身を引くように説得した。キングは、一九六四年公民権法第一編に明示された投票権保護規定を実効あるものにする、より強力な投票権法を議会で通過させるためには、ジョンソンの支持がどうしても必要であることを理解していたから、行進の再開をためらった。

しかし、地元の黒人やSNCCの活動家たちは全くやめる気がなかった。そして九日、二五〇〇人が出発した。ところがキングはエドモンド・ペータス橋を渡ったところで立ち止まり、祈りをささげた後、引き返し始めた。キングは個人的に司法省当局者とそのような約束をしていたのである。それを知った若い活動家たちはキングに疑問を抱き始め、キングは運動の中で孤立する危機的な状況に置かれた。しかしこの日の晩、ボストンから来ていた白人牧師ジェイムズ・リーブが地元の白人によって棍棒で殴打され死亡するという事件が発生した。この白人牧師の殉教によって国民世論は高まり、ついにジョンソンが動き出した。

ウィー・シャル・オーバーカム

三月一五日、ジョンソンはテレビ放映された議会演説で、投票権法を提案し、公民権活動家たちを称賛し、演説の最後に、公民権活動家たちの歌の一節を用い「ウィー・シャル・オーバーカム（われらうち勝たん）」と結んだ。

こうして、三月二一日、三二〇〇人が、五日間、八〇キロを超えるモントゴメリーへの投票権法要求行進に出発した。この行進には全国から白人を含め多数の有名人が参加し、武装した連邦軍兵士とアラバマ州兵が行進を守るために随行した。「ウィー・シャル・オーバーカム」の歌声が鳴り響いた。二五日にモントゴメリーに到着した時、ここに集まった二万人以上の群衆の前でキングは、投票権法の即時成立を求める熱烈な演説を行った。それは、彼がこの町でバスボイコット運動の指導者となって以来一〇年、その運動の大きな前進を印象づける出来事だった。

投票権法はまもなく議会を通過し、八月六日にジョンソン大統領が署名して発効した。その結果、連邦政府の監視下に投票登録が進められ、一九六八年までには黒人有権者の投票登録率は一気に高まり、まもなく白人のそれと大差ない割合に到達した。

第五章　脱人種「白人保守革命」の時代（一九六六―一九九二年）

1　「黒人革命」の終わり

人種暴動の続発

公民権諸法が成立した一九六〇年代には、アメリカは経済的にも外交的にもかつてなくきわめて強力だった。冷戦でソ連と対峙《たいじ》していたアメリカ人は、豊かさを実現し、人種差別をも克服し、「豊かで差別のない国アメリカ」に誇りを抱くはずだった。

しかし、黒人たちの底深い怒りはなだめられなかった。他の人々が豊かになっていくのに自分たちには一向にその恩恵が及ばず、しかも警察官に差別的に扱われ続けていた彼らは、まもなく毎年うだるような暑い夏になると大規模な黒人暴動を繰り返すようになった。

当時北部では少なくとも法律の上では人種隔離は強制されていなかったが、ここでは黒人はなお極貧状態にあった。賃金は白人と比べ低く、特に黒人青年の間の失業率は同世代の白人の五倍にも及ぶことがあった。白人たちが金を貯めあるいは低利の融資を受けて郊外に家を建てて次々と脱出し、都市中心部には、恒常的半失業状態の黒人やプエルトリコ系などのマイノリティー集団が集住する貧困街が広がった。

投票権法が成立した直後の一九六五年八月一一日にロサンジェルスのワッツ地区で始まった暴動は、その規模が大きく、その後の暴動の先駆けとなった。ここでは、黒人が人口の九八パーセントを占め、人口過密、高失業率、医療施設の欠如、公共交通機関の不足、犯罪と麻薬汚染が広がっていた。暴動は、ある黒人が飲酒運転の疑いで警察官に逮捕されたことがきっかけで始まった。日ごろ警察官に軽蔑的に扱われていると感じていた地元の黒人群衆が警察官を取り囲み、応援に駆けつけた警察部隊に投石を始めたのである。そして全市を巻き込む人種暴動に発展し、州兵が出動したが六日間も沈静化されなかった。ある新聞記者は「破壊されたワッツは、第二次大戦後のドイツのようだ」と書いた。三四人が死に、一〇〇〇人以上が負傷、約四〇〇〇人が逮捕された。このワッツ暴動では、従来のように白人群衆と黒人が衝突することはなく、主な死亡原因は、警察や軍隊の銃による射殺だった。

一九六七年七月一二日のニューアーク暴動は、黒人タクシー運転手に対する警察官の暴行から始まった。黒人たちは警察署に集まって火炎瓶を投げ込み、警官隊は黒人群衆に襲いかかった。五日間にわたる暴動で、警察官と州兵は二五人の黒人を殺害した。被害者の大半は子供を含む傍観者だった。

同じ七月の二三日、デトロイトでは最悪の暴動が始まった。この日、ベトナム帰還兵の帰国を祝って酒場に八〇人以上の黒人が集まっていたところ、警察が「営業許可時間オーバー」を理由にここを急襲したのである。これが五日間に及ぶ暴動の始まりだった。ある黒人少女は「一二番街ではみんな外に出ました。パパもママも子供も、まるで遠足みたいでした。反乱は、みんなテレビ・コマーシャルが原因で起こったんです。だって私たち、自分たちではとても買えないもの、紳士服だの、家具だの、カラーテレビだのを、みんな見せられるんですから」と話した。

警察と州兵では鎮圧できず、ベトナムに派遣されていた四七〇〇人の連邦軍空挺《くうてい》部隊が派遣されようやく沈静化した。ここでも四三人の犠牲者のうちの多くが警察官と州兵に撃ち殺された人たちだった。

この年、全国五九の都市で都市暴動が勃発した。一九六四年から一九七二年の間に、全国三〇〇の都市で人種暴動が発生し、合計およそ五〇万人が暴動に参加し、二五〇人が死亡、一万人が重傷を負い、六万人が逮捕された。

しかし、確かに黒人の置かれた状況は劣悪だったが、当時、黒人の経済状態は改善される傾向にあった。黒人家庭の中位所得水準は一九六四年から一九六九年の間に三八三八ドルから五九九九ドルに上昇し、白人の中位所得水準との比較では五六パーセントから六一パーセントに上昇していた。

それなのになぜこのような暴動が発生してしまったのだろうか。社会科学者は様々な検討を加えたが、多くが「それ以前の一〇年間に黒人たちを目覚めさせた自由への期待に現実が追いつかなかったことが主な原因だ」と説明した。だが、特に黒人青年の高い失業率とそれが上昇傾向にあったことにも注目する必要がある。

「偉大な社会」計画

一九六七年七月二八日、ジョンソン大統領は、このような激しい人種暴動の原因と対策を検討するために、イリノイ州知事オットー・カーナーを議長とする「市民騒擾《そうじょう》に関する全国諮問委員会」を組織し、その報告を緊急に出すよう要請した。そして、委員会は、翌年三月、「暴動の底辺には人種差別主義がある。アメリカは、白人と黒人の二つの分離された不平等な社会に向かっている」「黒人は警察官の暴力と脅迫が黒人居住区で繰り返し発生していると考えている」「政府の大規模な都市への支援が必要である。公共住宅とより人種統合された学校の建設、二〇〇万人分の新たな雇用、収入補助を目的とする国家的な制度への支出が必要である」との最終報告書を提出した。

ジョンソン大統領が一九六四年に提案した総合的社会福祉計画「偉大な社会」計画に含まれていた「貧困との戦争」計画は、カーナー委員会の諮問にそれなりに応えようとしたものだった。この時代にはアメリカ経済はなお堅調で、かつてない大規模な社会福祉政策が可能だった。その結果、一九六五年から五年間に国民所得に占める連邦政府の社会福祉関係支出の割合は二倍に増えた。その結果、全国民に占める「貧困人口」の割合は、一九六二年の二一パーセントから一九七三年の一一パーセントまで下がった。

ところが、この社会福祉計画は、まもなく膨大なベトナム戦争戦費の圧迫を受け、大幅に削減され、その後の景気後退と政治の保守化の煽りを受けて、一九九〇年代のクリントン政権時代までには制度そのものが大幅に弱体化されてしまった。

ベトナム戦争と黒人

歴史的にアメリカが関わった大規模な戦争は、ほとんどの場合、黒人に大きなチャンスをもたらした。独立戦争や南北戦争では逃亡と解放の機会を与えられたし、第二次大戦では軍需工場で働く機会などを与えられた。全国黒人向上協会（NAACP）の反共派指導部は、冷戦への協力を前提にして公民権裁判で次々と勝利を積み重ねてきた。彼らはこのベトナム戦争に対してもジョンソン政権支持で結束し、戦争への従軍が人種統合を容易にするとの立場を貫いてきた。彼らは、アメリカの対外政策を批判して「非アメリカ的」とのレッテルを貼られることは黒人運動にとっては致命傷になると考えた。

しかし、マルコム・Xは早々と黒人指導者の反共路線の政治的誤りと道徳的破綻を批判し、アメリカはフランスが敗れたのと同じようにベトナム戦争では勝てないと予測していたし、学生非暴力調整委員会（SNCC）の指導者たちは、一九六六年一月に、ベトナム民族の自決権を尊重すべきだとして徴兵拒否を呼びかけ始めた。しかし、南部キリスト教指導者会議（SCLC）の指導部は、もしベトナム戦争を批判すれば、活動資金援助が絶たれることは明らかであり、態度を決めかねていた。キングは個人的に一九六六年一月に「クリスチャンとしてはこの戦争は誤りだというほかにない」という文書を発表したが、これには組織内で反対の声が上がった。

この時、キングはシカゴで雇用と住宅の人種隔離撤廃運動に取り組んでいたが、これに対峙したのは、ジョンソンの支持を受けていたシカゴの民主党市長リチャード・J・デイリーだった。このシカゴで白人不動産業者、警察官と白人暴徒の激しい抵抗にあってほとんど何も成果を上げることができなかったキングは、新たな道を模索する必要を訴え始めた。彼は、黒人大衆の困難な経済状況を打破するためには、アメリカの政治社会制度そのものの変革を生み出す戦略が必要であるとし、基幹産業の国有化、都市中心部の復興および黒人の雇用確保を目的とする連邦政府資金の大幅増額を主張するようになった。彼は「社会民主主義」に足を踏み入れ始めたのである。

同時に彼は、ベトナム反戦にもはっきりと踏み出した。一九六七年二月「政府は、国内のいわゆる貧困追放作戦には貧困者一人につき五三ドルしか使っていないのに、ベトナムでは敵一人を殺すのに三二万ドルも投じている」と批判し、四月四日のニューヨーク・リヴァーサイド教会の演説で、「非暴力の教えを説教してきた私が、何十万もの人々を傷つけ、殺害していることの暴力を称賛することは矛盾しています」と述べた。そして彼は、四月一五日のセントラルパークでの一二・五万人の反戦集会では、全国の反戦運動と合流することを宣言した。また一九六八年二月二三日のデュボイス生誕一〇〇年記念集会では彼は、「われわれの非理性的で異常なまでの反共主義は、われわれを泥沼に追い込んできた」と演説し、反共主義の害悪を指摘するようになった。

キングの暗殺

こうして、キングは、ジョンソン政権から「敵側陣営に回った危険な存在」とみなされるようになった。民主党リベラル派からの支持を失うことを恐れた多くの黒人指導者がキング批判を開始した。しかし、キングは、貧困問題と正面から向き合い、アメリカの経済改革を訴えるために一九六八年四月にワシントンで「貧者の行進」を行うことを提案した。

それはベトナム全土で解放戦線が総攻撃に出て、アメリカが戦略的敗北を喫したテト攻勢の直後のことだった。三月一二日にはニューハンプシャー州の民主党大統領候補予備選挙でもっぱらベトナム反戦を呼びかけてきたユージン・マッカーシーが大善戦し、ベトナム戦争をめぐる国論の分裂は明確となり、三月三一日、ジョンソン大統領は北爆停止と大統領選不出馬を宣言した。

ちょうどこの時、キングはメンフィスの清掃労働者のストライキ支援に呼ばれ、戦闘的黒人労働者の中に身を置く立場を鮮明にした。そして四月三日、労働者たちの前で「自分の身に何が降りかかろうとも私には覚悟ができています。……私は神の意志に従って前に進みたいだけです。……私は今晩、約束の地を見たのです。私は皆さんと一緒にそこに辿《たど》り着くことができないかもしれません。でもきっと皆さんはその約束の地に辿り着くでしょう。今晩、私は幸せです。……どんな男も恐れてはいません。私の目は主《しゅ》が舞い降りる栄光を見たのです」と演説を結んだ。そしてその翌日、キング牧師はメンフィスのホテルのバルコニーに出たところで銃撃され、まもなく息を引き取った。

こうして、一九五五年以後の黒人公民権運動をともかくもまとめてきたキングが亡くなり、「黒人革命」の時代は終わり、まもなく「長い反動」の時代が到来した。

2　黒人運動の模索と白人大衆の離反

「ブラック・パワー」の行く末

「ブラック・パワー」というスローガンが、黒人大衆の間で反響し始めたのは、一九六六年夏のことだった。それは、黒人活動家ジェイムズ・メレディスが、ミシシッピ州で単独行進中に狙撃され、これを受けたキングがSNCCのメンバーとともに彼の行進を継続することに合意して行進を始めた中で生まれた。ストークリー・カーマイケルは行進を守るために黒人武装集団の参加を求め、その行進のさなかに活動家の一人、ウィリー・リックスが「ブラック・パワー」と叫び出したのである。

六月一六日、途中の町で逮捕されたカーマイケルが、釈放集会で「これで二七回目の逮捕だ。もうたくさんだ。今こそわれわれはブラック・パワーを主張しよう」と呼びかけると、聴衆は「ブラック・パワー」を唱和し、興奮し始めた。

このスローガンがいかに破壊的な影響を黒人運動全体に与えるかについて、キングはカーマイケルらに次のように説得した。

「ユダヤ人やアイルランド人は、力を結集してアメリカ社会の中で認められるようになったが、彼らは『ユダヤ・パワー』『アイリッシュ・パワー』というスローガンを使わなかった。『ブラック・パワー』は、白人との対決、非暴力の否定を意味するものと受け止められ、メディアはこぞってそのように宣伝するだろう。このスローガンは、非暴力運動の道徳的優越性という武器を奪ってしまう。白人たちは報復されることを恐れており、白人の恐怖心を和らげる方法は、非暴力を守り抜くこと以外にはない。道徳的負い目を感じていた白人たちは、このスローガンで黒人運動から遠ざかってしまうだろう」

キングは続けて次のように説得した。

「絶望から発せられた『ブラック・パワー』のスローガンが黒人を結束させるのに何らかの力になりえたとしても、それは黒人全体をアメリカ社会の中で孤立させるだけだ。アメリカは、すべてのグループが互いに頼り合っている様々な人種の複合体国家なのであり、黒人が人種差別から解放された暁にも多数を占める白人たちと共存していかねばならない。有色人種が多数を占める旧植民地における運動とは根本的に条件が異なっている。低開発地域の有色人多数諸国でも人民多数の道徳的支持なしの武装抵抗は勝利する可能性は低く、ましてやアメリカのような国では武装抵抗は自殺的行為である。今日のアメリカでのあるべきスローガンは、『ブラック・パワー』ではなく『貧しい人々のためのパワー』でなければならない」

しかし、カーマイケルらはすでに「ブラック・パワー」のスローガンに対する黒人大衆の高揚した気分に完全に取り込まれており、納得せず、話し合いは結局物別れに終わった。そして「ブラック・パワー」のスローガンは、直ちに主要メディアにも乗せられて独り歩きし始めた。

SNCCや人種平等会議（CORE）では、「ブラック・パワー」論者が優勢となり、組織の内部から白人を排斥し、急激にその大衆的基盤を失っていった。カリフォルニアの戦闘的黒人たちが結成したブラック・パンサー党は、黒人コミュニティーの自治権確立運動など地道な活動も行ったが、まもなく毛沢東思想の影響を受けて武装自衛を主張する自滅的運動に走る者も現れ、FBIの攪乱《かくらん》工作と暴力的弾圧によって壊滅状態に陥った。

積極的差別是正策の開始

一九六四年、キングは貧困者全体に国の資源を回す「恵まれない者のための権利章典」を提言したが、同時に彼は、「合衆国は数百年にわたって黒人にしてきたことに対して特別な配慮をすべき責任がある」と主張し、それは一九六四年公民権法の第七編七〇六号g項に生かされ、「積極的差別是正策」（アファーマティヴ・アクション）と呼ばれる政策として実行されるようになった。それは採用人事や公共事業の発注、入学審査などに適用され、多くの黒人が、人種のゆえに差別されたり排除されたりするのではなく、逆に差別的状況解消のために一定の保護を受けることになった。

ジョンソンの後を受けたニクソン政権は、積極的差別是正策の拡大に取り組み、連邦政府が発注する公共事業で、マイノリティー集団出身の労働者を一定程度以上採用すべきことを求める「フィラデルフィア計画」を発表した。実は、ニクソンは公民権法に基づいてこの政策を提案したというよりは、ある政治的狙いを持ってこの計画を打ち出したのだった。彼は、この計画によって建設労働市場を支配している労働組合に介入し、労働コストを引き下げると同時に、黒人の採用に反対する労働組合と黒人運動を対立させようとしたのだった。当時は労働組合も黒人も民主党の支持基盤であり、この政策はどちらにせよ、共和党にメリットがあると踏んだのである。多くの白人は、黒人の暴動や犯罪の増加に直面して、反発と恐怖心を強め、「有色人だけを優遇する」政策に不満を抱くようになった。案の定、労働組合は「フィラデルフィア計画」に強く抵抗した。それを見たニクソンは、民主党から白人現業労働者を離反させ共和党の支持基盤にできると踏んで、「フィラデルフィア計画」からの撤退を決めた。

とはいえ、ニクソン政権時代に各地方自治体によって雇用上の積極的差別是正策が進められ、各大学でも独自の積極的差別是正策を開始した。

人種隔離教育撤廃の行方

公民権運動の一つの重要な目標だった教育の人種統合はどうなっただろうか。南部の人種統合学校に通っている黒人生徒は、一九六六年に一八パーセントだったが、一九七三年には四六パーセントまで増えた。

しかし、全国的に黒人都市居住人口が増え、白人が都市中心部から郊外に逃避し始めると、都市中心部の学校経営は困難になり、教育の質の地域間格差と人種間格差が拡大した。初等・中等教育の財源である財産税は行政区単位で徴収される地方税であるため、貧困黒人やプエルトリコ系が多い都市中心部では学校運営のための資金が不足することになってしまったのである。格差緩和を目的として、一九七〇年代には、バス通学によって黒人生徒と白人生徒を均等に配属させる計画が提起されたが、ボストンでは、一九七五年、黒人居住区の高校の黒人生徒と、アイルランド系白人居住区の高校の生徒を交互にバス通学させる政策が始まり、これに対して白人大衆が実力で阻止行動に出て全国的注目を集めた。これを受けて、裁判所は、生徒の移動は学区内に限り、公教育のための財産税の移転を禁止するとの判決を下した。このバス通学制度は、黒人保護者にも不人気でその後、ほとんど行われなくなった。

白人の郊外への逃避、都市中心部への有色人の集中傾向はさらに強まり、学校区の人種隔離が進み、二〇〇四年のブラウン判決五〇周年記念事業での調査の結果を受けて、教育長官ロデリック・ペイジは「教育上のアパルトヘイトが進行し、一九五〇年代の状況に戻ってしまった」と述べた。白人生徒の八〇パーセント以上が、白人以外の生徒がほぼゼロの学校に通っていた。

その後、裁判所もこの傾向を後押しした。ワシントン州シアトルの教育委員会は、市内の高等学校の入学希望者が定員を超えた場合に、それぞれ定員に余裕のある学校にその生徒を割り当てるために「白人か非白人か」を基準にしてそれを行い、ケンタッキー州ジェファーソン郡教育委員会は、学区内の小学校への子供の配属に関し、「黒人かそうでないか」を基準にして割り振っていたが、二〇〇七年、最高裁判所がこれに憲法修正第一四条違反の判決を下したのである。多数意見は「人種に基づく差別の停止の方法は、人種に基づく差別をやめることである」とした。すなわち各教育委員会が、同一学区内でも人種を根拠に生徒の学校配属を決めることを禁止したのである。こうして一九五四年のブラウン判決の内実はほぼ完全に骨抜きにされ、居住区の人種隔離、あるいは階級隔離に基づく初等・中等教育が事実上肯定されることになった。

確かに、公民権法以前のように、近くに公立学校があるにもかかわらず、黒人であるがゆえにその白人公立学校には通うことができないという事態はなくなったが、南部農村の黒人多数地域では、白人のほぼ一〇〇パーセントが私立学校に通い、小さいころから黒人と接する機会がないまま社会に出たり、大学に進んだりする状況が続いている。

また、学校の人種統合をしさえすれば教育差別が解決するというわけではない。統合学校においても能力別クラスが実施され、黒人が最底辺に追い込まれる傾向が顕著である。経済的・知的資源がきわめて乏しい黒人生徒と豊かなほかの子供たちを居住区から切り離して画一的に「統合」することが、黒人生徒の健全な成長に結びつくとは考えられない。地域の財産税で賄われる公教育制度が生み出す格差の問題が正面から取り上げられねばならないのだが、連邦予算の緊縮政策のために、都市中心部の公教育の荒廃は放置されたままである。教師の給料や学校施設、クラスの規模に大きな格差があり、アメリカの子供たちは、初等教育の最初から平等な教育を受ける権利が与えられていない。二〇〇二年からブッシュ（子）政権によって始められた「落ちこぼれゼロ法」は、各地域の状況を無視し、統一試験制度による単一価値基準に基づく競争原理とそれに基づく教員の懲罰制度を教育の現場に導入し、成績の振るわない学校の閉鎖を強行し、これまた教育格差を拡大する結果をもたらしている。

白人の巻き返し

一方、法的平等を実現し、道徳的負い目から解放された多くの白人は、人種暴動や刺激的で意図的な犯罪報道によって黒人に対する同情を失い、むしろ反感を強めた。そして、特に一九八〇年代以後、白人の中には脱工業化の過程で経済的地位の転落の危機に直面する者も多くなり、彼らの多くが、その原因を民主党の「黒人優遇政策」や寛大な移民政策に求め、反有色人感情を刺激されて共和党の安定的支持層になった。

一九七〇年代に入ると大学の入学における積極的差別是正策に対する攻撃が強まった。最初に国民の注目を集めた裁判は、白人アラン・バッキーの訴えに基づく裁判だった。バッキーは、軍の奨学金を受けて大学を卒業し、その後軍務に就き、多くの大学の医学部に願書を出したが、いずれからも受け入れられなかった。一九七三年、七四年の二度にわたって、カリフォルニア大学デイヴィス校に応募したが受け入れられず、彼は、その原因が一〇〇人の定員のうち一六人をマイノリティーに割り振っている大学の政策にあり、それは「白人に対する逆差別」であると州裁判所に訴えたのである。

一九七六年、州裁判所は大学に対してバッキーの受け入れを命令したが、大学側は上訴し、一九七八年連邦最高裁判所は、バッキーの受け入れを命令する一方で、入学選抜の根拠の一つに人種を考慮すること自体は認めた。

積極的差別是正策は、大学入学と雇用の場で採用されることが多かったが、大学や企業、役所は、その多様性を維持する目的で、入学と雇用に際して様々な基準を設けている。大学入学の場合には、身体的・精神的ハンディキャップを負っている者、特定の地域出身の者、性別、親がその大学出身者である者などを選考の際に考慮している。

しかしこの裁判以後、積極的差別是正策については、もっぱら「人種的マイノリティーの特別待遇」だけが取り上げられ、イデオロギー的論争が繰り返し行われてきた。そして、一九九〇年代にはほとんど「人種」を理由とした積極的差別是正策はできなくなった。その結果、いわゆる一流大学における黒人の入学率は激減した。

とはいえ、社会の多様化を促進することを目的とする積極的差別是正策そのものは、近年の保守的な裁判所判決でも否定されていない。アメリカ社会がよりすぐれた人材を必要とし、主に居住区の人種隔離による初等・中等教育での差別的境遇の結果埋もれてしまっている人材を掘り起こすことが、アメリカ経済の国際競争力、さらにいわゆる「ソフト・パワー」を強化することにつながるとの認識がまだ残されているからであろう。

「人種」を理由とした積極的差別是正策は、一部の黒人を保護したことは確かだったが、大部分の黒人には縁のないものだった。むしろ、この積極的差別是正策をめぐるイデオロギー的論争は、黒人全体をアメリカ社会から孤立させ、白人大衆を「黒人を優遇する逆差別政策」への批判に動員し、共和党支持に流し込む役割を果たしてきた。

実は白人の民主党からの離脱はすでに一九六八年の大統領選挙から鮮明に表れていた。この選挙では、かつて民主党の牙城だった南部の諸州の中で民主党が勝った州はほとんどなかった。一九七二年の大統領選挙では、白人労働者の三分の二は共和党のニクソン候補に投票した。

3　「レーガン保守革命」と黒人の反撃

保守革命の接着剤

一九六八年に大統領になったニクソンは、「法と秩序」をスローガンに掲げて、FBIによるブラック・パンサー党事務所への襲撃や幹部の暗殺など黒人運動に対する暴力的弾圧を断行した。しかし、ニクソン時代には、最高裁判所はまだリベラルな判決を出し続け、議会も共和党保守派によって支配されてはいなかった。実は、ニューディール以来の社会福祉国家体制の骨抜きを始めたのはニクソンではなく、一九七六年、黒人の圧倒的多数の支持を受けて大統領に当選した民主党のジミー・カーターだった。

彼は、リベラル派議員が起草した総合的福祉・雇用実施法「完全雇用と均衡ある成長法」を骨抜きにして成立させ、黒人たちを失望させた。それだけでなく、大企業の国際競争力を強化するために企業減税・規制緩和・社会福祉切り詰め政策を開始した。深刻な都市問題に悩む大都市への連邦補助金のカット、黒人大学への補助金カットなど、レーガン政権の本格的「保守革命」の地ならしをしたのはカーターだった。

一九八〇年、ロナルド・レーガンは共和党大会で大統領候補の指名を受け最初の演説の場にミシシッピ州フィラデルフィアを選んだが、ここは一九六四年ミシシッピ・サマープロジェクトに参加した公民権活動家三人が地元の白人暴力集団に連行され殺害された町として有名な場所だった。この演説には、一九四八年州権党から大統領に立候補し、その後共和党に転じた人種隔離主義者ストロム・サーモンドも同行した。それは、レーガンが白人大衆の反黒人感情をかき立てて、新自由主義的保守革命を推進する戦略を取るつもりであることを示していた。

レーガンは、対ソ強硬路線を打ち出し大軍拡を始めるとともに、環境保護政策の抑制、職場安全・労働者保護政策の解体に取り組んだ。そして、彼は、決して「黒人」という言葉を用いずに、例えば「福祉女王」といった言葉を用いて、食糧切符制度や母子家庭支援の大幅カットなど、事実上有色人貧困者を標的にした政策を断行し、積極的差別是正策への批判も強め、参政権保護を連邦政府に課した投票権法の骨抜きも試みた。念のために付け加えておけば、「福祉女王」という言葉でイメージされる福祉受給者の過半数は、黒人母子家庭ではなく、白人母子家庭だった（一九九一年には六一パーセント）。とはいえ、受給者の比率は、黒人の方が白人よりはるかに高いことは事実である。

彼の政策は、国家財政緊縮という現実的な必要よりは、白人有権者の支持を掘り起こすために「黒人支援」カット断行の姿勢を示したという面が否定できない。民主党の「黒人の甘やかし」政策を攻撃して見せることで、多様な白人大衆を共和党に結集したのである。その実、財政緊縮と言いながら、中産階級のための社会保障・高齢者医療保障制度は維持されたことを見てもそれは明らかだった。彼は次の一九八四年の大統領選挙では全国の白人票の六七パーセント、南部白人票の八〇パーセント以上を確保した。その白人大衆の支持を得て、彼は、ニューディール連合を打ち破り、その後長く続く「新自由主義政策」の基礎を打ち立てたのだった。なお、レーガン保守連合は、世俗化を進める民主党に対する反発を強めていたキリスト教原理主義集団を政治化させ共和党に取り込むことによって一層強固なものになったことも指摘しておかねばならない。この原理主義集団は必ずしも人種化された集団ではないのだが、やはりあくまでも白人中産階級がその中核を担っていたことは否定できない。

公民権法骨抜きの試み

レーガン政権のもとで、司法省公民権局は、投票権法違反事件への介入を拒否し、マイノリティー集団への雇用上の積極的差別是正策の適用に反対した。ミース司法長官は、平等雇用機会委員会が設定した目標実現のための政策執行を拒否した。そしてレーガンは合衆国公民権委員会の構成メンバーをすっかり入れ替え、予算を削減させて、人種差別撤廃の努力を放棄する姿勢を鮮明にした。一九八六年までは、最高裁判所判事の多数派はいくつかの判決でレーガン政権の意向に反して、公民権法の骨抜きに賛成しなかったが、この年以後、最高裁判所判事の新たな任命にあたって、レーガンは次々と保守派を任命し、裁判所の構成を保守派で固めることに成功した。

一九八六年、最高裁判所首席判事に指名されたウィリアム・レンキストは、一九五二年に若い判事として「分離すれども平等の権利は守られねばならない」という文章を発表していた。そして彼は、アリゾナ州の共和党政治家だった一九六〇年には、黒人とメキシコ系住民に投票をさせないよう脅迫行動をとっていた。ニクソンによって最高裁判所判事に任命されて以来、彼は女性や老人、障害者、人種的少数派の権利に関する裁判八三件のうち、八二件でその権利保護に反対する側に立った。彼の任命には二〇世紀の首席判事任命の中では最多の、上院一〇〇のうち三三の反対票が出たが、彼は最高裁首席判事に任命された。こうして最高裁判所は一九八九年以後、公民権法や投票権法の骨抜きの論理を次々と開陳する場となった。

黒人共和党員の動員

レーガンは、その公民権法骨抜き政策への批判をかわすために、保守的黒人共和党員を動員する作戦を取った。中でも一九八二年平等雇用機会委員会議長に指名されていた黒人弁護士クラーレンス・トーマスは有力な政治家だった。彼は、積極的差別是正策は黒人に依存心を生み出し、かえって黒人に害を及ぼしていると主張し、その反対の急先鋒《きゅうせんぽう》だった。

一九八四年、レーガンが圧倒的支持を得て再選されると、レーガン連合に加わる黒人指導者がさらに続々と現れ、その後の共和党の「公民権政策」の政策立案者として働くようになった。元マルクス主義者で新自由主義的経済理論家に転向していたトマス・ソーウェル、さらにキング牧師の補佐役だったラルフ・アバナシー、元ブラック・パンサー党幹部のエルドリッジ・クリーヴァーが、転向してレーガン陣営に加わった。例えば、ソーウェルは、「黒人が最低賃金以下で働けるようにすれば雇用が拡大される。他の集団に学んで黒人も経済的成功のためにまず努力すべきであり、政府の保護に頼るべきではない」と黒人に説教した。

彼ら黒人保守派の論理は、「すでに法的差別は解消されたのだから、政府は『国民の依存心を生み出す』保護者としての振る舞いをやめ、差別の克服は『肌の色に関わりのない』自由な競争、すなわち自由市場の原理に任せるべきだ」というものだった。彼らは、現実の社会にひそむ権力と抑圧、すなわち、「自由市場」では強者が弱者を支配し、社会では人種や性、その他による支配と差別が蔓延している現実を無視し、他方で「大きな政府」による弱者保護の「権力」をもっぱら攻撃したのである。

もちろん彼らの意見は黒人大衆から支持を受けることはなかったが、彼らは、白人を安心させ、「肌の色に関わりのない」事実上の人種差別を合理化する論理（「カラーブラインド人種主義」と呼ばれている）を提示するうえで重要な役割を果たした。

移民の流入、多文化主義、虹の連合

一九六五年にアメリカ議会は、移民と帰化に関し大幅な規制緩和を図る移民法を成立させ、有色人種を積極的に受け入れ、「白人優越主義の否定」を世界に向かって宣言した。まもなく低開発諸国からの移民がアメリカに殺到し、アメリカ国内の人種関係は大きく変容し始めた。アフリカやカリブ海域、南アメリカからのアフリカ系の人々の流入も著しく、その結果、伝統的な「黒人の自己認識」にも変化が生まれた。

先住民やアジア系、ラテン系移民などのマイノリティー集団も黒人公民権運動に励まされて、自己主張を強め、アメリカでは、それぞれの人種・エスニック集団の文化的独自性を尊重する「多文化主義」が謳《うた》われるようになった。有色人移民の積極的受け入れは財界の要求でもあった。財界ブレインであるベン・ワッテンバーグは一九八九年、「先進国で不可逆的に進行する若年労働力の減少の中で、移民労働者を受け入れられない日本やヨーロッパ諸国は、深刻な経済停滞に直面せざるをえない。われわれは民族的、宗教的、人種的に多様である。これは人々の関係を難しくすることもあるが、この多様性は、比肩すべくもない社会的ダイナミズムとすぐれた統治力とをわれわれに与える」と述べ、移民の大量導入はアメリカ経済と政治の活力維持にとって欠くことのできない政策だと述べている。

だが「人々の難しい関係」を社会のダイナミズムに変えていくには当事者の苦痛が伴う。例えば、一九九二年春ロサンジェルスで起こった大暴動の際に注目された韓国系移民と黒人との難しい関係を見てみよう。当時ロサンジェルスに大量に流入し始めていた韓国系移民は、概して高学歴で、ある程度財産を持ってアメリカにやってきた。白人社会から疎外された彼らは、わずかな資本を元手に黒人やヒスパニック系の低所得者層を対象に青果店、酒販店、雑貨店などを始め、長時間家族労働をものともせずに働き瞬く間に豊かになっていった。教育も資本もない地域住民と、次々と成功していく韓国系移民との間に対立感情が発生するのはごく自然の成り行きだった。その結果、ロサンジェルス暴動では、黒人の怒りが韓国系商店にも向かう場面が多く見られた。

ジェシー・ジャクソン　1988年の民主党大統領候補予備選挙. Clayborne Carson, et al., *The Struggle for Freedom: A History of African Americans*, Pearson Education, 2011 より

また、多文化主義が単なる文化の問題にとどまらず、各集団への資源配分の原理として政策的に採用されるようになると、利益配分競争を促進する契機にもなり、「努力して這《は》い上がるその他の少数派集団」とは異なる「最底辺に留め置かれた黒人」だけが孤立する状況も生み出された。

しかし一九八〇年代に入ると、黒人運動の指導者ジェシー・ジャクソンが、これら差別されたマイノリティー集団や平和運動家、環境保護活動家、フェミニスト運動家、戦闘的労働運動家の「虹の連合」と呼ばれる大同団結を呼びかけ、一九八四年および一九八八年の大統領選挙に立候補し、大きな成功を収めた。

彼は「私が子供だったころ、母は毛布を買う金がなかった。母は古い布きれを集めてきた。ウールも絹も、ギャバジンもコールテンもあった。母はしっかりした手つきで強い糸を使ってこれを一枚の毛布に縫い合わせてくれた。色とりどりの布きれは、美しく暖かい一枚の毛布になった。今われわれも一つに縫い合わされねばならない」と訴えかけた。特に二度目の選挙では予備選挙投票総数の三分の一にあたる合計七〇〇万票を獲得し、そのうちの三〇〇万票は黒人以外の票だった。

ファラカン現象

これまでの公民権活動家たちは、多くの黒人が公職に就き、何百万もの黒人が中産階級の仲間入りをすれば、アメリカ社会から人種の壁がなくなるはずだと、楽観的に考えてきた。しかし、一方では、一九八〇年代に入ってから麻薬の蔓延と黒人ギャングの抗争の激化、殺人事件と監獄人口の激増という事態が起こっていた。そして、都市中心部の黒人はアメリカ社会の中でますます孤立を深め、全国政治の話題には上らない「見えない存在」に逆戻りしつつあった。

このような状況の中で、NAACPの代表ベンジャミン・チャヴィスは、一九九三年、全国の黒人団体に黒人が求める統一戦線の在り方について議論する黒人サミットの開催を呼びかけた。しかしルイス・ファラカンという人物の参加に対する拒否反応が強く、伝統的公民権活動家たちは出席を拒否した。

ファラカンは、一九七五年に「ネイション・オブ・イスラム」の指導者となった人物で、白人を敵視し、反ユダヤ主義を公言していた。また、彼は、黒人の企業活動を重視し、勤勉に働くことを説き、下層黒人の間でその影響力を拡大していた。

一九九四年六月にボルティモアで開かれたサミットには、黒人のフラタニティー（男子学生の社交クラブ）、宗教団体、黒人ナショナリストが参加したが、各集団が激しく衝突し、とうてい統一戦線を形成する方針を出せる状況ではないことが明らかになった。こうして、黒人運動をまとめる組織が消滅してしまったことが、ファラカンには好都合に作用した。彼はまもなく、都市中心部の若者のヒップ・ホップ運動と関係を緊密化し、麻薬ギャングの抗争を鎮静化させることに努力し、黒人社会に強力な権威を確立することに成功した。

そして彼は一九九四年末に「黒人男性の一〇〇万人集会」を提案、黒人男性の罪の償いと個人の責任、黒人としての団結を呼びかけた。そして一九九五年一〇月一六日、ワシントンで史上最大の黒人集会が開かれた。この集会には、女性も含め六〇万人以上が集まった。ファラカンは基調演説をし、「アメリカの真の悪は、西洋世界を支えている白人優越主義と呼ばれている理念だ。われわれには精神的刷新が必要だ。教会、シナゴーグ(ユダヤ教徒の礼拝所)、寺院、モスクに戻ろう」と呼びかけた。

この集会は、一九六三年のワシントン行進運動とは違って、人種差別に抗議したり、公民権立法を要求したりするのではなく、黒人男性に過去の罪滅ぼしをし、その家族とコミュニティーに対する責任を果たすよう求めただけだった。

この運動はその後、具体的な結果をもたらすことはなく雲散霧消してしまったが、この集会の盛り上がりは、当時の黒人男性が置かれていた状況を反映していた。黒人男性の多くが、家族を維持できる職にありつけず、麻薬ギャングに取り込まれ、監獄に収監され、「男性としての誇り」を持つことを許されない絶望的な状況に追い込まれていた。黒人女性作家アリス・ウォーカーは、「黒人男性が黒人男性として再結集することは絶対的に必要なことだ。彼らには、お互いに話し合い、泣き、肩を抱き合って、連帯を確認し合うことが必要だったのだ」と書いている。

4　新たな黒人文化の台頭

ヒップ・ホップ時代

麻薬に汚染され、ギャングの抗争に明け暮れる黒人コミュニティーの中で、黒人青年たちは、従来の政治的手段ではない道を求めて声を上げざるをえなかった。彼らには、黒人の人間性と集団的アイデンティティーを黒人文化の言葉で表現することがどうしても必要だった。

それが、一九七〇年代末、アメリカ黒人や中南米系黒人が集住するニューヨークのブロンクスやブルックリンで始まり、瞬く間に全国に広まったヒップ・ホップ運動だった。

ヒップ・ホップとは、ラップと呼ばれる音楽と、ブレイク・ダンス、落書き、独自の服装全体を含む街頭の若者の文化を表し、当初は商品化されてはいなかった。

ヒップ・ホップ運動の最も古くからある構成要素は落書き（グラフィティ）であり、政治スローガンやギャングの縄張りマークとして始まったが、一九七〇年代から、単なる落書きではなく、見る者にメッセージを伝えるゲリラ的エアゾール（スプレー）芸術運動として発展した。最初は、ニューヨークの地下鉄がそのキャンバスとなった。各エスニック集団が競って独自のスタイルを開発して、街中に絵画としての落書きをあふれさせた。

ニューヨーク市は、地下鉄の落書きを消去し、落書きができない工夫を凝らすために多額の予算を支出した。ニューヨークの地下鉄から「エアゾール芸術」は消えたが、それは全国、そして全世界へ広がる芸術運動となった。放置された建物の壁、橋の下、トンネルの内部など考えられるありとあらゆるところに疎外された人々の叫びを伝える「絵画」が描かれることになった。

しかし、ヒップ・ホップ運動の中核は何と言ってもラップ音楽だった。その起源は、黒人ラジオ局のディスクジョッキーが発するリズムを付けた語りだった。まもなく、街頭に音響機器を持ち出して、二台のレコードプレイヤーを操作しながら、ディスクジョッキーが、リズムを付けながら切れのある動きの踊りを交えつつ、聴衆に語りかけるラップ音楽が、街の青年たちを結びつけ、大流行した。それは黒人教会のコール・アンド・レスポンス様式をとり、都市の黒人貧困大衆の日常的な感情を鋭く反映した語りの文化としても開花した。ラップには男性の欲望を攻撃的かつけたたましく表現する作品が多く、圧倒的多数は男性によるものだった。しばしば暴力を肯定し、猥褻《わいせつ》な表現を用い、女性は軽蔑と支配の対象だとする傾向があり、特に西海岸で活躍した「ギャングスタ・ラッパー」と呼ばれるグループは、下品で猥褻な言葉を用い、黒人の中からも批判の声が上がった。しかし、当初から地元のラッパーの中には、女性が多く含まれており、彼女たちは独自のやり方で自分たちの怒りと連帯を表現し、まもなく男性ラッパーと同様に音楽業界でも取り上げられるようになった。

テーマとしては特に警察官の暴力や麻薬の広がりなどが取り上げられ、ラップは、アメリカ黒人や中南米系黒人や疎外された白人大衆の世代全体の芸術的表現の手段となり、その中には政治的主張が含まれるものもあった。パブリック・エネミーなどのグループのラップがそれである。ヒップ・ホップ音楽で巨万の富を蓄えたラッセル・シモンズは、ヒップ・ホップ文化を基礎に据えた若者主体の政治運動の構築を呼びかけ、ニューヨーク市長ブルームバーグが、公教育予算の大幅削減を提案したのに抗議して、ヒップ・ホップ・スタイルのデモを企画した。二〇〇二年六月四日、教師やアーチスト、父母などを含め五万人の黒人、カリブ海域出身の若者が市ホールの前に集まり、ヒップ・ホップ集会を行い、抗議の声を上げた。その圧力を受けた市長はまもなく教育予算削減を撤回せざるをえなかった。

ラップ音楽は、ジャマイカのレゲエ、ジャズ、パンク・ロック、ヘビー・メタルなどの要素を取り込み、二〇世紀末には、アメリカ黒人音楽の支配的潮流となっていた。

とはいえ、依然として黒人音楽の底流にはジャズがしっかりと根付いており、一九八〇年代、九〇年代には、ジャズは新たなルネッサンス期を迎えたと言われる。一度は病気で引退していたマイルス・デイヴィスも再登場した。このころジャズ界は、伝統を重んずるルイ・アームストロング、デューク・エリントンらのグループと、ロックやファンク、ヒップ・ホップなどを自由に取り入れるラヴィ・コルトレイン、スティーヴ・コールマンらのグループに分かれていた。

黒人音楽家たちは黒人音楽のジャンルに閉じ込められることに抵抗し、ジャズやブルースをオペラや交響曲に組み込み、例えば、スラニ・デイヴィスとアンソニー・デイヴィスによるオペラ『X――マルコム・Xの生涯と時代』『アミスタッド』は国際的な評価を得た。

黒人の映画界進出

一九七七年に放映された長編テレビ・ドラマ『ルーツ』は、全米で一億三〇〇〇万人の視聴者を引き付け、多くのアメリカ人にアフリカ系の歴史を身近に学ぶ機会と感動を与えた。作者アレックス・ヘイリーは、当時の黒人史研究の新しい成果を十分取り入れるとともに、黒人の家系を過去に探ることは不可能だとの当時の常識を破って彼の家族の歴史をアフリカまで辿り、アフリカから連れてこられたクンタ・キンテとその子孫たちのアメリカでの苦闘をつづったこの大河ドラマを完成させた。

多くのアメリカ人は八夜連続で放映されたこのドラマに釘付《くぎづ》けになり、お茶の間で奴隷制の残酷さを目の当たりにしただけでなく、黒人たち、とりわけ黒人女性の誇り高く、力強い姿に打たれた。このドラマの放映をきっかけにアメリカでは、各人が自分の「ルーツ」を求めて図書館や歴史文書館に通うことが一種のブームになった。このテレビドラマは、アメリカは、それぞれ多様な過去を持った人々によって構成され、それぞれが尊重し合って暮らしていくべきだとする多文化主義の台頭と時期的に重なっていた。

一九六〇年代以後、大都市ダウンタウンの映画館は衰退し、近所の黒人が好む映画を上映して切り抜けようと、いわゆる「黒人向け」映画が濫造された。そのほとんどは暴力とセックスを売り物にする白人の映画と類似した筋立てを黒人俳優が演じるだけの映画で、その多くが女性差別的だった。しかしこの『ルーツ』は、これらの「黒人向け」映画とは全く異質の作品で、アメリカ人に人間としての誇りを持った黒人の姿を知らせる役割を果たした。それは、アメリカのみならず全世界で放映され、小説は八〇〇万部を売る大ベストセラーとなった。

そのほか一九八〇年代以後、映画界では、白人監督のもとで黒人俳優が重要な役割を果たしたり、黒人監督が大ヒット作品を生み出したりする事例が当たり前になった。例えば俳優の名前ではモーガン・フリーマン、デンゼル・ワシントン、ウーピー・ゴールドバーグ、オプラ・ウィンフリーなど挙げればきりがない。監督ではスパイク・リーの名前を挙げないわけにはいかないだろう。黒人を主人公にした世界的ヒット作としては、『カラーパープル』（一九八五年）、『グローリー』（一九八九年）、『マルコムX』（一九九二年）、『アミスタッド』（一九九七年）、『ビラヴド』（一九九八年）などがある。

黒人女性の活躍

文学の世界では、すでに一九七〇年代の末に黒人女性による注目すべき作品が現れていた。そのきっかけとなったのは、一九七八年に出版されたミッシェル・ウォレスの『黒人マッチョとスーパーウーマンの神話』（邦題『強き性、お前の名は』）だった。ブラック・パワー運動と白人中心のフェミニズム運動を見ながら育った作者は、ブラック・パワー運動の指導者の多くが「男らしさ」の実現を運動の目標に置く女性差別主義者であり、フェミニズム運動は白人中産階級の問題意識に縛られていることに気がついた。彼女は、例えばリチャード・ライトの『アメリカの息子』の主人公ビッガー・トーマスも、『氷の上の魂』を書いたブラック・パンサー党の指導者のエルドリッジ・クリーヴァーも、白人女性を征服することによって白人男性に報復する「黒人マッチョ」の姿をはっきり表現していると批判した。

それまで黒人男性の黒人女性に対する性的支配を批判することが控えられていたのにはわけがあった。白人社会から黒人男性は「白人女性を付け狙う強姦魔」であるというステレオタイプを長いこと押し付けられ、そのため黒人が黒人男性の性的欲望を描くことは、そのステレオタイプを強める危険があり、タブー視されてきたのである。

一九三〇年代までにそれを打ち破ったのがゾラ・ニール・ハーストンだったが、一九八〇年代に入って出版されたアリス・ウォーカーの『カラーパープル』や、トニー・モリソンの『青い眼がほしい』は、白人社会との関係からその人種差別を描くことよりも、黒人家族やコミュニティーの内部の性差別や白さへの憧れを厳しく暴露するもので、その厳しい現実は、多くの読者の胸を打ち、彼らの作品は、アメリカ文学の主要作品としての地位を確保した。

性差別と人種差別の「対決」

一九九一年、公民権擁護で大きな業績を残した黒人最高裁判所判事サーグッド・マーシャルが引退を表明すると、ブッシュ（父）大統領は、そのポストに保守派黒人判事クラーレンス・トーマスを指名することを発表した。ブッシュ大統領は、トーマスを任命することによって、アメリカではあらゆる人種が差別されずに重要ポストに就くことができることを示すとともに、彼を加えることによって最高裁判所判事の保守化をさらに進めようとした。

ところが上院司法委員会で彼の資格審査聴聞会が始まると、トーマスの指名に対する疑問がクローズアップされた。彼は、わずか一年余しか裁判官を経験していなかった点でもその資格が問われたが、なんといっても彼がかつての部下の黒人女性アニータ・ヒル教授に対してセクハラを続けていたことが問題にされたのである。

ヒルは、トーマスと同じエール大学のロースクールを卒業し、同じく共和党に所属していた保守的な黒人女性だったが、彼女は、トーマスが平等雇用機会委員会議長を務めていた当時、彼の部下だった。彼女は、その際に繰り返し、トーマスから卑猥な言葉を浴びせられたとして、そのような人物が最高裁判所の判事に任命されることに疑問を差し挟んだのである。

同年秋、テレビの全国ネットワークは、聴聞会の様子を繰り返し放映し、国民はその成り行きを注目した。聴聞会の保守的男性上院議員は、ヒルの人格や女性としての高潔さを疑う質問を繰り返し、ヒルは、トーマスがポルノ映画の様子を詳しく描写したことなどを証言した。トーマスは、ヒルの証言は嘘だと繰り返し、自分は、黒人男性として「メディアにハイテク・リンチ」を受けていると反撃した。トーマスは、メディアによって自分は、黒人男性のステレオタイプである「性的野獣」との汚名を着せられリンチにあっていると主張したのである。

黒人指導者の多くは、たとえ保守的な人物であれ、「黒人」が最高裁判所の判事に任命されることの意義を重視し、彼の任命反対には動かなかった。ここには、これまでの黒人公民権運動の根深い男性中心主義が表れていた。

結局、彼の任命は上院での五二対四八の投票によって承認されることになったが、この投票は保守主義と性差別主義が人種差別反対と複雑に交錯した結果だった。

とはいえ、テレビで連続放映されたこの論争は、これまであまり問題にされてこなかった職場でのセクハラ問題が、国民的に取り上げ始められるきっかけを作ったと言われている。

第六章 「分極化」と「多様化」の時代（一九九三年以降）

1 黒人中産階級の台頭と政治進出

社会的上昇をとげた人々

一九六四年の公民権法制定以後、多くの黒人が、経済的にも社会的にもかつてない上昇を遂げ、中産階級の仲間入りを果たした。それがいわゆる積極的差別是正策にどの程度依存していたかについては論証が困難である。この政策が相次ぐ裁判所命令や住民投票などによって事実上有名無実になっていた一九九〇年代にも、たまたま経済的ブームの時代だったこともあり、黒人企業家が大量に現れ、中には大富豪に属するような人物も現れた。

よく知られているように、この時代には、「黒人」ゴルフプレイヤー、タイガー・ウッズや全国ネット・テレビ番組の司会や俳優として出演して成功したオプラ・ウィンフリーのように、今まで考えられなかったような分野でも黒人の活躍が目立ち、国民の意識にも地殻変動が起こって、ついには「黒人」オバマが大統領に選ばれるに至った。

一九六四年公民権法以後の黒人中産階級の新しい特徴は、それ以前の黒人中産階級が主に黒人を顧客とする市場で成功を収めて富と社会的地位を築いた人々だったのに対し、広くアメリカ社会に貢献する職業に従事して成功した人たちだったところにある。

就業構造に顕著な変化が現れた。一九六〇年代以前には、黒人の雇用は農業、建設業、輸送業、製造業や、家内サービス、調理の分野に大部分が集中し、いわゆるホワイトカラー職に従事する黒人の全黒人労働者に占める割合は、例えば一九四〇年、男性五・二パーセント、女性六・四パーセントにすぎなかったが、二〇〇〇年にはそれぞれ三五・三パーセント、六二・三パーセントに増えた。

景気動向に依存している面が多いが、収入も全体としては向上している。一九四〇年には貧困レベルとして設定された年収の二倍以上の収入を得ている黒人家族は一パーセント（白人の場合は一二パーセント）にすぎなかったが、一九九八年には五〇パーセント（白人は七三パーセント）にまで増加した。とりわけ一九九二―二〇〇五年の経済ブームの中で、黒人の中位収入は二・三万ドルから三・一万ドルへと三五パーセント増え、白人の中位収入の五八パーセントから六三パーセントにまでその格差を縮めた。

教育レベルの向上も顕著だった。高校卒業者数はかつてなく多くなり、大学在籍者数は、一九六〇年に一三・六万人だったのが、二〇〇〇年には一五四・八万人に増えた。この年に一度でも大学で学んだことのある黒人は三七パーセントに達していた。数字の上では、二五

——三四歳の黒人の高校卒業者および大学卒業者の割合は、それぞれイタリア、ドイツ、フランス、イギリスの同世代のそれよりも高くなっている。

アメリカで中産階級とみなされる最も代表的な指標である郊外居住について言えば、黒人郊外居住者は、一九七〇年に三六〇万人だったが、一九八六年には七一〇万人に増え、黒人人口の四分の一を占めていた。二〇〇〇年にはさらにその割合が増え三九パーセントに達したとみなされている。ただし、この郊外居住区の多くは依然として黒人集住地区である。

しかし、この黒人中産階級の比率は、他の集団と比べればなお小さく、しかもその基盤はなお脆弱である。その収入レベルだけでは、社会的地位の安定性を測ることはできず、危機の際に依存できる財産の規模で比較すると、黒人中産階級のそれはかなり小さいのである。一九五〇年には黒人家庭の持ち家率は三五パーセントだったが、二〇〇五年には四六・八パーセント（白人は七〇・七パーセント）まで増えていた。しかし、黒人の住宅の価値や貯蓄などの中位総資産価値は、白人のそれの一〇分の一以下だった。そのため、彼らが事業に失敗したり、失業したりした場合、中産階級であり続ける余地は相対的に小さく、彼らは再び社会の底辺に突き落とされてしまう恐怖に常にさらされている。

いかに彼らが中産階級に這い上がったとしても、彼らにとってこのアメリカは、もはや人種に関わりなくその能力によって自由に競争に参加できる社会になったと楽観することはできない。経済危機の時代、白人中産階級が転落の危機に陥っている際には、いわゆる「ヘイト・クライム」といった形を取って人種主義が牙をむくのである。アメリカ社会における「人種」の持つ意味はなお無視できない。しかも、後に述べるように、彼らは、警察官が外見によって差別的に行う職務質問や検問の対象にされるという「レイシャル・プロファイリング」を日常的に経験している。

選挙には勝ったものの

一九六五年の投票権法成立以後、黒人が公職に就く例が増え、南部ではそれ以前にはほぼゼロだった黒人公職者が急増した。南部で公職に選ばれた者の数は、一九四一年にはわずか二人だったのが、一九八五年には三八〇一人にまで増えた。全国的に言えば、一九六五年当時二七〇人だったものが、一九九七年までに八六一七人に増え、黒人が有権者の過半数を占めていない選挙区でも黒人が当選する事例が増えている。特に一九九〇年代の連邦下院議員や州議会議員の増加が目立っており（ただしその議員全体に占める比率は黒人人口の比率には及ばない）、黒人の社会的地位の変化を象徴する出来事として取り上げられることが多い。

これらの選挙で選ばれた公職者の大半は、かつての人種隔離撤廃運動に関わったことがなく、公民権法成立以後に新しく開かれた機会を手に入れて教育を受け、競争に勝ち抜いて中産階級に仲間入りした者が多く、労働者はわずかしかいない。

時代を下るに従って、主要大都市の黒人人口比が高くなった結果、黒人候補者の当選が増える傾向が続いている。そして黒人が相対的に少数しか占めていないより広い選挙区で勝つために、白人有権者にも支持を広め、白人候補者の対立の間を縫って白人多数地域でも選挙に勝利する黒人が増えてきた。当然そのような候補者は、白人有権者をも引き付ける政策をアピールしなければならない。

例えば一九八九年のヴァージニアの州知事選挙で黒人政治家ローレンス・ダグラス・ワイルダーは、小差で共和党候補を破り、アメリカ史上最初の黒人知事となった。南北戦争当時の南部連合の首都リッチモンドの州庁舎の主人の座に、かつての黒人奴隷の孫が座るなどということを誰が想像しただろうか、と当時、多くの黒人たちは彼の当選に歓喜した。しかし、選挙に勝つためには、彼は十分「保守的」でなければならなかったし、現にその政策は「保守的」なものだった。彼はその権限で死刑を次々と執行し、「法と秩序」の守り手である姿勢を示し、白人有権者を安心させ、一〇代妊娠を防ぐため黒人少女たちに強制避妊政策を実施した。一方、道路網の整備など公共事業の拡大で大きな成果を上げたと称賛された。

黒人が政治からほとんど全面的に排除されていた時代と比較すれば、今日の黒人公職者の急増は、大きな歴史の進歩であることは間違いない。しかし、「法的人種差別がなくなった」時代に、黒人議員は何を目指すべきなのかについて、意見は分裂した。多くの黒人公職者が、白人公職者と同様、その自らの地位を守るために「政治的に」行動した。利権配分の仕切り屋としての政治ボスが牛耳る「政党マシーン」方式の政治から脱却することは容易ではなかった。

一九七一年九月、イリノイ州ノースレイクで、全国の黒人公職者が一堂に会して「全国黒人政治戦略会議」が開かれ、ほとんどあらゆる黒人政治勢力を結集して議論を始めた。そこでは、黒人だけの独立した政治大会を翌年に開くことが決まった。そして、一九七二年三月にインディアナ州ゲアリーで三〇〇〇人の代議員と五〇〇〇人の傍聴者の参加を得て、「全国黒人政治会議」の結成が決められ、全国の選挙で黒人の当選を目指すことが決議された。しかしここでは、全体としては、「黒人性」の強調だけが目立ち、アメリカ社会の改革に関する議論はほとんどなされなかった。

黒人公職者は次第に増えてきたが、実際には、以下に述べるように、彼らが対処しなければならない問題は、ますます困難になっていた。

深まる都市行政の困難

ちょうどこのころアメリカの主要都市は、構造的危機に直面していた。多数の白人中産階級が大都市中心部から郊外に流出し、税収が減っただけでなく、カーター政権以来、連邦政府も財政緊縮を理由に大都市への補助金を大幅に削減したために、大都市の財政赤字は深刻化していた。例えばシカゴでは、一九八〇年の市税収の一二パーセントを連邦補助金が占めていたが、一九九〇年には三パーセントを占めるのみになっていた。「市が毎年支払う金利が消防予算を超える」というのが象徴的な現象だった。

ここには社会的サービスを必要とする貧困者が流入し、雇用は減少していた。都市に残され疎外され恐怖を感じていた白人貧困層の激しい抵抗も表面化し、残された資源をめぐって貧しい者同士が争い、そのような中で新たに選ばれた黒人政治家ができることはごく限られていた。

オハイオ州クリーヴランドでは、早くも一九六七年に、州議会議員だった黒人カール・B・ストークスが市長選挙に勝利し注目されたが、一九七〇年代初頭、市長の取り巻き政治家のスキャンダルが相次ぎ、無政府状態に陥って白人警察官や消防士が市長の命令を拒否し、交通労働者、清掃労働者のストライキにも市長は適切に対処できず、完全に指導権を失った。一九七一年の市長選挙では、黒人の二つの派閥が争い、その間隙を縫って白人共和党候補が当選するという事態に陥った。黒人政治家同士の派閥争いに飽き飽きして、黒人の間では無力感、絶望感が支配した。

これはいくつもの実例のほんの一つにすぎない。まもなく大都市中心部の黒人の有権者登録が二割程度にまで下がる状況さえ現れた。しかも共和党は、黒人票を割る目的で黒人地区で黒人候補を立てる作戦をしばしば取った。

継続的赤字財政の結果、地元政治家が取りうる政策の幅は制限され、外部資本を誘致し大都市中心部を再開発する計画が唯一の「出口」として提示されることになった。多くの黒人政治家が、外部の企業家の意向に従って企業法人税を引き下げ、高速道路や大商業施設を建設するために貧しい黒人住民を追い立てる政策に手を染めた。こうして、都市貧困対策は、教会などの住民組織の慈善に任されることが多くなった。

以上に述べてきたように、中産階級に上昇した黒人たちは大きな問題を抱えている。それにもかかわらず、彼らは、今なお社会の最底辺に沈殿し、貧困と疾病、犯罪、環境汚染、人権抑圧に苦しんでいる大半の黒人大衆とは区別された存在になりつつあるように思われる。すなわち、特に一九九〇年代以降、黒人社会内部の階級的「分極化」が顕著になっているのである。

2 インナーシティーの危機と麻薬との戦争

脱工業化の進行

レーガン政権時代の黒人保守派の論客であるトマス・ソーウェルは、一九八四年、一九五〇年代までの白人移民の郊外化・中産階級化をモデルにして、黒人も努力すれば、「歴史のサイクルは繰り返される」として黒人の将来を楽観的に展望してみせた。しかし一九七〇年代半ば以後、それまで白人移民労働者を郊外社会に上昇させてきた産業構造は根本的な再編を被った。国際競争力を失った基幹産業が都市中心部から郊外に、さらに国外に脱出し、

「産業の空洞化」が進むとともに、軍事部門で発達した電子技術が一挙に民需部門に適用され、ハイテク産業化が進行したのである。

その結果、大都市中心部の不熟練・半熟練労働力は過剰となり、ここに失業・不安定雇用が蔓延するようになった。もはや、黒人たちには「自由労働市場」は開かれておらず、かつての移民たちのようにスムーズに中産階級化することができなかった。一方で、国内での雇用を大幅にカットし、海外に流出したいわゆる「多国籍企業」は、海外での経営からの利潤の比率を急激に高めた。

こうして、アメリカの労働者階級の間で、労働組合に組織されている高賃金労働者と、組織されていない低賃金労働者との、あるいは郊外居住者と都市中心部居住者との格差の拡大が顕著となった。そして、この亀裂を固定化する二つの労働市場が生み出された。その一つは、主に基幹産業や地方・中央の政府機関および軍関係の雇用で構成され、その多くが相対的に安定した雇用と高賃金が保障されている中核的労働市場であり、今一つの労働市場は、この労働市場から弾き飛ばされた、不安定で低賃金の第二次労働市場である。ここには、例えば農業労働者、タクシー運転手、缶詰工場労働者、スーパーマーケット店員などが含まれ、有色人、一〇代の青年および女性が集中している。この労働市場には位階制がなく、労働者は労働を切り売りするだけで、昇進と昇給のチャンスがない。

このような労働市場の分裂は、アメリカ経済の国際競争力が弱体化すればするほど進行し、第二次労働市場が肥大化する傾向は一貫して継続した。ここには、さらに、海外からの大量移民が流入し、しかも、二一世紀に入ると白人の中産階級からの転落もさらに顕著となり、「貧しい者同士の争い」がますます激化するようになった。

このような脱工業化に伴う雇用構造の激変によってアメリカにおける平均週給（一九八二年水準でインフレ調整）は、一九七〇年を頂点にして、三一三ドルから、一九九五年に二五九ドルまで下がり続け、その後多少持ち直したものの、二〇〇八年の統計では二七九ドル（最高時の八九パーセント）まで下がっている。

一例を挙げてみよう。カリフォルニア州オークランドは、一九六〇年代に入るまでは、缶詰工場、自動車の組み立て工場、港湾荷役、鉄道修理工場、鉄道操作場などで、多数の黒人労働者が働いていた。しかしその後、この都市の企業の流出と機械化、鉄道交通の衰退の煽りを受けて、肉体労働需要は激減し、黒人街の中心を通過する高速道路が建設され、多くの黒人が立ち退《の》かされ、地域は分断された。工場が流出した跡地には住宅が建てられ、わずかに生み出された新しい雇用を確保することに成功した黒人中産階級が暮らし、海外から輸入された安価な商品を大量販売するスーパーマーケットで買い物をしている。かつてこの地域の労働者だった黒人たちの多くは、まともな仕事もなく、荒廃した市街地に取り残されたままである。これがいわゆる「インナーシティー」の「アンダークラス」と呼ばれる人々である。

失業、貧困、家庭崩壊、犯罪、疾病

すでに繰り返し述べてきたように、多くの黒人は安定した雇用を得ることができないだけでなく、貧困、家庭崩壊、犯罪や疾病、麻薬汚染、警察官の暴力など絶望的な状況に長く押し込まれてきた。

人々の生活の基盤を構成する雇用状況をまず見てみよう。「人種差別」がなくなったはずの一九六〇年代以後、黒人と白人の間に失業率の格差はなくなっただろうか。確かに景気変動によって失業率が上下することは避けられないが、政府公式統計によれば、今日に至ってもその人種間格差は一目瞭然であり、近年拡大する傾向を見て取ることができる。二〇一〇年の白人の失業率は七・五パーセントだったのに対して、黒人は一六・〇パーセントだった。年齢別に見ると、若年層の失業率が常に著しく高い。例えば二〇一〇年、一六—二四歳男性の場合、白人が二三・九パーセント、黒人が五五・九パーセント、女性の場合は、白人一六・七パーセント、黒人四二・六パーセントだった。ここで注意せねばならないのは、刑務所などに収監されている人々は失業率の分母には含まれていないことである。後に述べるように黒人青年の収監率は著しく高くなっている。

次に貧困率について見てみよう。参考までにいくつかの事例を挙げてみれば、一九七五年の黒人の貧困レベル以下の人口は三一・三パーセント、非ヒスパニック系白人は八・六パーセントだった。レーガン政権初期の一九八三年には三五・七パーセントと一〇・八パーセントに達し、その後徐々に減少し、二〇〇〇年には二二・五パーセントと七・四パーセントにまで下がった。二〇一〇年には二七・四パーセントと九・九パーセントまで上昇している。どちらにせよ、白人との格差は歴然としている。

貧困者の中で特に目立っているのが母子家庭である。失業と貧困は、家庭崩壊にも大きな影響を与えている。それなりの収入を得ていない黒人男性は、一般に結婚することが困難であるだけでなく、もし結婚している場合には、わずかであれ収入があると夫婦の収入として加算されるため、要扶養児童家族扶助（AFDC）を受けにくい規定も、安定的結婚生活を困難にしていた。その結果、二〇〇〇年、一八歳以下の全黒人のうち五三・三パーセントが片親家族で暮らしていた。そしてこの世代の黒人の五五・六パーセントが貧困ライン以下の生活を強いられていた。

黒人たちの健康状態は、公民権法成立以来改善する方向にあるとはいえ、失業と貧困、家庭崩壊という条件の中で、相変わらず劣悪なままである。レーガン政権期の連邦医療支援予算の大幅カットで、都市中心部の病院でスタッフの削減が行われ、閉鎖される医療機関も続出した。都市中心部の衛生状態は悪く、環境汚染も進んでおり、健康保険を持たない黒人たちの疾病率は特に高い。喘息《ぜんそく》、糖尿病、癌《がん》の発症率は著しく高く、栄養・医療教育は立ち遅れ、十分な栄養が取れず、喫煙者ばかりでなく麻薬中毒患者、HIV感染者が不釣り合いに多いために、その生存率が低い。発病がわかっても十分に保険が適用されず、医師も白人に対するほどには真剣に治療しない傾向が強いために死亡率が高くなる。乳児死亡率は相変わらず白人のそれの二倍以上に上っている。一九九〇年の報告によれば、ニューヨークのハーレム居住区の黒人男性の平均寿命は、世界の最貧国の一つであるバングラデシュよりも低かった。

権威ある専門家によって構成された「都市に関する一九八八年委員会」は、「アメリカ中心部のいずこにも『静かな暴動』が存在している。失業、貧困、社会的無秩序、人種隔離、家庭の崩壊、住宅と学校の劣悪化、犯罪は一層深刻化している」と述べていた。

黒人社会への麻薬の浸透

一九八〇年代の大都市中心部のインナーシティーの荒廃をさらに推し進めたのが、広範な黒人住民への麻薬の浸透である。

すでにヘロインや、マリファナの使用は一九七〇年代以前から広がっていたが、レーガン政権が「麻薬との戦争」を宣言した一九八二年当時の調査では、およそ五〇万人が麻薬常習者で、中毒患者のうち四〇パーセントが黒人だった。しかし、まさに「麻薬との戦争」宣言の直後に、事態が一気に深刻化したのである。それまでコカインは、高価だったため高収入の白人によって主に使用されていたが、この時期に麻薬カルテルによって、一回あたり五ドル程度で短期間に高揚感を味わえる固形コカイン「クラック」が開発され、黒人ギャングのネットワークを通じて瞬く間に広がった。このクラックは、高揚感が数分間しか続かないため、次々に摂取して常習化する。妄想、精神異常、暴力化を引き起こし、家族の遺棄、盗み、その他の犯罪へとつながっていきやすかった。

高価なコカインを使用している白人中産階級に対しては、専門的な治療システムが発達し、通院での治療が可能なために、彼らは職を失わずにすむことが多かったし、初犯の場合には裁判所も、治療やリハビリを重視する傾向が強かった。しかし、例えばニューヨーク市では、一九八〇年代に注射での麻薬使用者が二五万人いたと推定されているのに対して、麻薬治療設備は三・五万人分しかなく、しかもきわめて高額な治療費を求められた。当然、インナーシティーのクラック使用者には、麻薬治療システムは高価でとても手が出なかったし、警察・裁判所は、麻薬を病気としてではなく道徳的問題としてとらえ、徹底的な「厳罰主義」を適用し、黒人の刑務所への収監人口激増の主な原因となった。刑務所は、まともな治療をされない大量の麻薬患者の収容所になっている。

ニューヨーク市では、一九八六―八八年の間に新生児の麻薬汚染検査、梅毒検査を行ったところ、その間にそれぞれが四倍、五倍に増加していた。クラックを購入するために売春が広く行われるようになっていたのである。

大々的な取り締まりにもかかわらず、コカインの流入量は急激に増え、一九八九年の麻薬取引は一五〇〇億ドルに達したと推定され、末端価格は過剰供給のために低落傾向が続いた。この年の政府機関の推計では、年間二〇〇回以上使用する者はおよそ四〇〇万人だった。

麻薬取引の取り締まり強化の中で、麻薬の移送・売買に未成年者が多く利用されるようになった。この危険な仕事は、未成年者にも高額な収入をもたらし、彼らは一攫千金の夢をかき立てられ、麻薬販売組織間の縄張り争いや、押し売り行為に伴う暴力が横行し、その結果、黒人青少年の間の殺人率は一九九〇年代初頭まで急増し続けた。人口あたりの殺人件数は、加害者も被害者も黒人が白人の六—七倍だった。

一九九〇年代以降の新たな特徴

一九九〇年代に入ると、黒人にとってＨＩＶ感染症（いわゆるエイズ）が重要な問題であることが認識されるようになった。一九八〇年代には、ＨＩＶ感染は、主に同性愛者の白人男性の問題だとされてきたのだが、現在では黒人男性が最も深刻な状態にある。二〇〇三年の調査報告によれば、黒人女性の間でＨＩＶの新規感染者数が最も多いことが判明したが、それは黒人男性と比べ黒人女性が検査を受ける比率が高いことによるものだとされている。実際には、黒人男性のこの病気に対する理解が不足し、感染予防策を取らずに同性間、異性間の性交を繰り返すケースが多いことが問題にされている。また、彼らの多くが監獄内で男性にレイプされることが多く、その過程でＨＩＶに感染することも多いのである。

インナーシティーの危機は、一九九〇年代の経済ブームで多少の改善を見せた。しかし、一九九四年の中間選挙で民主党が大敗したのを受けてビル・クリントン大統領は、次の選挙での再選を目指して共和党穏健派を取り込むために「われわれの知っている福祉の終わり」「大きな政府の時代の終わり」の実行に乗り出し、一九九六年「個人の責任と労働機会の調整法」と称する社会保障改革法を成立させた。それに基づき、要扶養児童家族扶助（AFDC）の受給者に、二年以内に仕事を探すことを求め、政府の補助を受けられる期間を生涯で五年間に限定した。当時一四〇〇万人（そのうち九〇〇万人は児童）が支給を受けていたが、失業率が下がっていたので、受給者はその後一時的に減少した。しかし、補助を受給していた人々の多くが低賃金で雇用されるほかなかったために、貧困ライン以下の所得水準から脱出することができず、二一世紀に入り再び貧困率は上昇した。

一九九〇年代には、経済ブームの中で黒人中産階級が次々と大都市中心部の貧困地帯を脱出していったために、取り残された黒人コミュニティーは一層、社会関係を分断された悲惨で絶望的な状況に追い込まれることになった。例えば黒人弁護士は、これまで黒人をその顧客としていたが、彼らの多くは郊外に出て、より収入が期待できる法律事務所に勤めて白人とともに働くようになったし、同じく黒人医師もインナーシティーの多くの病院が閉鎖されたこともあって、次第に郊外の病院に移って働くようになった。大学教師や高校教員も同じ傾向を辿った。こうして購買力のある中産階級が流出し、しかも多くの黒人住民が恒常的に刑務所に収監されるようになって、この地域の購買力が大幅に縮小したために、多くの商店が閉鎖に追い込まれることとなった。黒人教会も信者を失って財政的な困難に陥り、その多くが閉鎖された。財政基盤を失った行政は、公共交通や清掃業務などを削減せざるをえず、入居者を失った住宅の多くは保険金目当てで放火され、地域全体が「ゴーストタウン化」していった。

しかし、すべてのインナーシティーが絶望の淵《ふち》に沈んでばかりいるわけではなかった。次の事例は、ほんの例外にすぎないかもしれないが、インナーシティー改善運動が成果を上げた実例として、簡単に紹介しておきたい。

ダドリー地区の実験

ボストン南部ロックスベリーと言えば、荒廃したインナーシティーの代名詞のような場所だった。そこにあるダドリー地区の再生運動（「ダドリー地区の実験」と呼ばれる）が全国から注目されている。

この地区は、一九七〇年代以後、それまでのアイルランド系移民居住区から黒人居住区に一気に転換した。この地区の白人人口比は、一九五〇年の九五パーセントから、一九七〇年の四五パーセント、一九九〇年の七パーセントへと激減した。そしてこの地域は、廃棄物の不法投棄場所、麻薬取引の場所、商店が転出しシャッター街化した町となり、公共施設は次々と姿を消し、市役所の清掃業務は大幅に削減され、残飯があふれ、悪臭に満ち、ネズミが走り回っていた。このような貧困と犯罪の温床になっているインナーシティーは、全国に二〇〇地区以上あると言われている。

このようなコミュニティーは放置され、周期的に警察の襲撃を受け、麻薬所持者が連れ去られ、農村部に建てられた監獄に収容されていった。しかし近年、インナーシティーの有利な立地条件が見直され、都市再開発計画によってこうした地域での高速道路や高層団地の建設が進められるようになっている。その結果、それまでそこに住んでいた多くの貧困住民が追い立てられて、さらに別の貧困地域に押し込められる事態が全国各地で起こっている。

この地区でも一九八四年、ボストン市の再開発計画が始まり、住民の追い立ての可能性が出ていた。しかし、ここではインナーシティー問題に取り組んでいたライリー財団が問題提起し、新しい実験が始まった。住民との話し合いを続け、住民代表を参加させる都市再開発計画の立案を主張したのである。人種・エスニック集団別に選出された代表者によって構成される非営利組織ダドリー地区再生運動（DSNI）が立ち上げられ、彼らは市当局への要求をまとめた。

当面の要求は、例えば、不法投棄の取り締まり、フェンスの設置、郵便ポストの新設などだったが、これらの要求に対してボストン市長が積極的に動き、その要求の多くが受け入れられ、ダウンタウンへの通勤電車の運転も再開された。

住民本位の地域開発にとって画期的だったことは、ボストン市議会が、それまで放置されていた空き地の収用権をDSNIに認めたことだった。それは公共の福祉のために住民組織に土地収用権を認めた点で、全国でも例のないことで、広く注目を集めた。そして、このような進展に可能性を見出したフォード財団が、この住民本位の都市再開発プロジェクトに融資することになった。

こうして、DSNIは九〇〇以上の住宅再建・建設に取り組み、コミュニティー活動の場、例えば公園やオフィス、有機栽培農園を建設し、住民のフェスティバルも企画した。また、外部からのボランティアの支援も受けて、住民同士の結びつきが強い安全で清潔な町を再生させたのである。

当然、このようなコミュニティーは、外部の人たちから注目され、この土地に移住することを希望する人が増え、不動産価格が上がり、結局貧しい人々は出ていかざるをえなくなるという悪循環が心配された。そこで、DSNIは、投機を防ぐための転売価格規制長期契約を結び、地元住民の利益を守ろうとしている。

このようなプロジェクトが、全国のインナーシティーですべて成功するとは思われない。また、このプロジェクトがどこまで維持されうるのかについても不安がないわけでもない。しかし、開始以来すでに三〇年近く、なおこの実践は継続的に発展し、全国から注目され続けている。

3　収監者数の激増と産獄複合体の肥大化

黒人青年に残された道

二一世紀に入り、黒人居住区の高校生の退学処分が目立っていることに、多くの黒人教育家やソシアル・ワーカーが憂慮し始めた。ある学校では、四〇パーセントもの生徒が、裁判所や学校当局から退学を命じられた。その背景には、ブッシュ（子）政権の「落ちこぼれゼロ法」の影響もある。共通テストの平均点が悪い学校への補助金がカットされ、場合によっては廃校に追い込まれる「教育の自由化」が進んだからである。

勉学の道を絶たれるのは男子生徒が多く、男子の大学進学率は急激に低下し、二〇〇五年、全国の大学を卒業した黒人学生のうち、男子は三分の一以下しか占めていない。特にハイレベルの大学では黒人学生のうちの女性の割合が高い。

勉学の道を絶たれた黒人が流れ込む次の道が軍隊である。徴兵制があった一九七三年までは、軍隊内の黒人兵の比率は、人口比との格差はなかったが、志願制に変わると特に地上戦闘任務に就く陸軍における黒人の比率は人口比の二倍以上（一九七九年は三三パーセント）になった。ただし、アフガニスタン戦争、イラク戦争は黒人に忌避され、志願者数は減少している。

次に残された道が、低賃金の不安定雇用に就くことだが、それだけではすまず、多くが、麻薬ギャングに脅されて麻薬を使用させられたり売人を務めさせられたりして、刑務所に入れられる。その後、刑務所から出てきても受け入れてくれる家族が不安定で、めったに職に就くこともできず、結局ギャングに取り込まれてそのもとで生き抜かねばならないことが多い。

「麻薬との戦争」政策

アメリカでは一九七〇年以降、刑務所収監者数がかつてない割合で増加し、二〇〇六年までに一九七〇年水準の約七倍の二二五万人に達し、その後ほぼ同水準で推移している。この人口は、二〇〇四年、アメリカの最大雇用企業三社（GM、ウォルマート、フォード）の雇用者数の合計より多く、これだけの囚人を収容するのに年間約七〇〇億ドルの費用がかかっている。執行猶予および保護観察下にある者は合計約五〇〇万人、犯罪歴を理由に出所後も長期にわたって参政権を剝奪されている者も約五〇〇万人とされている。全地球上の人口の四・五パーセントを占めるにすぎないアメリカ合衆国の刑務所に、全世界の刑務所収監者数の四分の一が収監されているのである。二〇〇六年、人口一〇万人あたりの収監者数は七五〇人弱で、それは世界第一位だった。第二位はロシアで、六〇〇人強である。ちなみに日本では六〇人強だった。

収監者数激増の主な原因は、「麻薬との戦争」政策に基づく麻薬犯罪の取り締まりの強化と麻薬犯罪刑期の長期化だった。一九八六年の麻薬乱用取締法は、クラックの所持に対する刑期を一気に長期化した。しかも、この法案によって、同じ目方を所持していた場合、黒人や貧しい者が使用しがちな安価なクラックの所持者は、白人中産階級が利用する粉末コカインの所持と比べて、数十倍から一〇〇倍の刑期を科せられることが決まった。しかもこの法律によって裁判所が、それぞれの状況を判断して量刑を設定できない「自動量刑設定方式」が採用されることになった。例えば、夫や恋人に強制されて麻薬を運ばされていたとしてもその女性が麻薬を所持していたことに変わりはなく、情状酌量の余地はなかった。自動的にその麻薬の目方で刑期が設定される制度が導入されたのである。そのため女性の収監者が急増した。

麻薬犯罪による刑務所への収監者の割合はうなぎ登りで上昇し、一九九六年には全収監者数一六〇万人の三分の二を超えた。一九八五―二〇〇〇年に増えた連邦刑務所収監者のうち三分の二、州刑務所収監者の二分の一は、麻薬犯罪者だった。麻薬犯罪による収監者の八割は、麻薬の販売に関わったものではなく、所持していた者だった。麻薬ギャングのメンバーは法律の抜け穴を熟知しており、罪を麻薬使用者に押し付け、自分たちはめったに逮捕されないことが指摘されている。

「麻薬との戦争」政策は、巨額の費用を投じて広報を行い国民に「厳罰主義」世論を煽り、警察官の恣意的尋問や所持品検査の権限をほとんど無制限に拡大した。裁判所もこれを追認し続けた結果、憲法修正第四条に定められた「不合理な逮捕捜索もしくは押収に対し、身体・住居・書類および所有物の安全を保障される人民の権利は、これを侵害することはできない」という規定は、事実上空洞化させられた。警察官が街頭で歩行中の人物を直接尋問する場合には、最初の警察官の挨拶が、「自発的に捜査への協力を求め、同意を得て」尋問を始める儀式になりうるが、走行中の自動車を止める場合には、全く「自発的協力」を得たことにならない。しかし、裁判所はそれも警察官の権限として認めている。

その結果、外観から判断して「怪しい」と思った車を止め、乗っている人物の身体検査と、車中の捜索をする「レイシャル・プロファイリング」が可能になり、現に多くの警察官が「黒人を止める方が効率的に麻薬を発見できる」と公言している。こうして、特に黒人は常に警察官から監視されているという不信感を抱いている。一九九四年、クリントン大統領は連邦政府資金で全国に五年間で一〇万人の警察官を増員することを決め、「厳罰主義」を求める白人有権者の支持を回復しようと試みた。そして、クリントン政権の時代に収監者数は七〇万人増え、全体で二〇〇万人に迫った。

容易に予想されることだが、囚人の中で、黒人をはじめとする有色人マイノリティー集団が不釣り合いに多い。二〇〇九年、全人口の一二・六パーセントしか占めていない黒人の収監者数の全収監者に占める比率は、三九・四パーセントだった。一〇万人あたりで計算すると、二〇〇六年に黒人男性の収監者数は五〇〇〇〇人に近づき、二〇代男性のみで計算すると一万人を超える。この世代の黒人男性一〇人に一人が収監されているのである。ちなみに二〇代の黒人男性収監者の数は、高等教育を受けている者の数をしのいでいる。

産獄複合体の形成

連邦と地方の政府予算が圧縮される中で、警察・裁判・刑務所関連予算は急増し続けてきた。これらの巨額な予算は多くの人々を潤している。囚人数の激増に伴って監獄建設とその運営に多額の予算が注ぎ込まれ、監獄誘致によって過疎地には再開発の機会が、失業者には雇用が、企業には、建設需要、物品・サービス需要、あるいは民営監獄経営には利潤が提供されることになった。三大テレビ・ネットワークは、暴力犯罪が減少し始めていた一九九〇年代に、劇的に犯罪報道を増やし、犯罪への恐怖を煽ってシェアを拡大した。政治家は「厳罰主義」を叫んで票を獲得し、地元への刑務所誘致に奔走して関連企業からの政治献金を回収してきた。FBI、裁判所など司法関係者が関連企業との間で、いわゆる人事交流を続け「利益共同体」が形成されている。

一九八〇年代に入り、監獄内での企業による囚人雇用が許可され、企業は組合に入れない囚人を健康保険、失業保険、傷害保険のための分担金を支払うことなく、労働者として使用できるようになった。民営監獄も始まり、多国籍企業がこれに参入し、いずれも高配当を続ける企業になっている。このような「企業・政治家・メディア・看守組合」の利権集団の複合体は「産獄複合体」と呼ばれている。この集団は、犯罪の抑止・社会の安全よりは収監者数の維持、拡大による雇用、利潤の拡大に関心を抱いている。

この産獄複合体は、単に政治的・経済的利権集団の利益共同体を意味するだけでなく、福祉抑制政策によってセイフティー・ネットからこぼれ落ちた人々を、「麻薬との戦争」の名のもとに捕捉し、貧困地域住民全体を脅しつけ統制する役割をも果たしている。全国のインナーシティーには、麻薬ギャングが根を張り、彼らの支配下に置かれたアンダークラスの人々は、警察の集中的な取り締まりを受け、麻薬犯罪者として不釣り合いに多く投獄され、かつ差別的に長期の刑期を務めさせられている。しかもすでに述べたとおり、麻薬汚染は「麻薬との戦争」開始以前と比べても、改善される気配を示していない。麻薬ギャングと警察は互いに敵対し合っているように見えるが、ともに地域住民を餌食にしながら増殖し続けてきた。

大量収監がもたらしている影響

女性は歴史的に全刑務所収監者の五パーセント前後しか占めていなかったが、一九八〇年ごろから女性の収監者が急増している。二〇〇九年、黒人女性の収監率は一〇万人あたり三三三人で、白人女性と比べ四倍である。収監された女性の多くは母親であり、子供たちは母親なしでの生活を強いられ、家族は危機に陥る。刑務所は、インナーシティーから遠く離れた農村地帯に建設されており、家族は収監者を訪問することが非常に困難で、家庭崩壊が一層進行する。そして刑務所内では、女性収監者に対する看守による性的虐待が深刻な問題となっている。

いわゆる「監獄通過人口」は年間一〇〇〇万人と言われ、監獄内には一般社会と比べきわめて高い比率でレイプその他の暴行被害者、麻薬患者、HIV感染者、結核、C型肝炎、その他各種伝染病患者や精神病患者がおり、彼らが一般社会との間を頻繁に行き来している。監獄内では、男性囚人の男性囚人に対するレイプなどを通じた暴力的支配関係の形成が、監獄内の秩序を望む看守によって見過ごされ、その結果、監獄内部でギャング組織がメンバーを増やし、一般社会に流れ出している。

監獄内での囚人に対する人権侵害状況については、主要メディアでも取り上げられ始めている。近年では、収監者に対する人権侵害裁判で有罪判決を受けた政府当局が多額の賠償金を支払わされることも多くなっている。特に収監された精神病患者が、精神病に関する知識のない看守によって暴力的な扱いを受け、ひどい障害が残ったり、自殺に追い込まれたりする事件が裁判に持ち込まれることが多い。カリフォルニアのペリカンベイ刑務所の黒人精神病患者ヴォーン・ドーチ受刑者は、暴力化したとの理由で、懲罰として手錠をかけられて熱湯を浴びせられ、全身の肌の三分の一に火傷を負い、さらにその痕を固いブラシでこすられ、皮膚をむき取られた。この場面を見た看護師が証言し、裁判所は、一九九三年、州政府が被害者家族に一〇〇万ドルの和解金を支払うよう命じた。このような事例は枚挙にいとまがない。しかし、暴行を加えた看守が裁判にかけられても、地元の陪審員は看守の隣人であり、多くが無罪判決を受けている。

初めて収監される者は非暴力犯が多いが、刑期を終えて出所後、再び監獄に戻ってくる際には、多くが暴力犯になっている。監獄内での暴力的環境の中で、暴力化するからである。司法省の調査では、一九九〇年代、刑務所から釈放された三人に二人が三年以内に刑務所に舞い戻ってきた。一九八二年から二〇〇〇年までの統計では、三〇〇〇万人が麻薬犯罪で収監されたが、その多くは何度も収監されていた。二〇〇〇年までの一〇年間に増加した収監者数の八割は、マリファナの所持者だった。マリファナを「ふかしたことがある」と告白したクリントン大統領の時代に急増した麻薬犯罪者の大半は、マリファナ使用者であり、その多くが貧しい黒人だった。

インナーシティーから大量の黒人たちが農村部にある刑務所に収監されると、次のような重大な政治的・経済的変化が生まれる。収監者数もその土地の居住人口に算入されるため、囚人で居住人口が増大した農村地域は、選挙の際に割り当てられる代表権が増大し、より多くの議員を選出できるようになる。また、連邦からの補助金も増える。いずれも人口に応じて割り当てられるからである。囚人たちには選挙権がないから、農村地域の少数の白人が不釣り合いに大きな代表権と補助金を得ることになるのである。当然彼らの多くは厳罰主義を主張する議員候補に投票し、厳罰主義は政界で大きな影響力を発揮する。

また、監獄関連予算の持続的増額は、財政赤字が膨らむ中で「小さな政府」と「自己責任」の呼び声のもと、福祉や教育、医療の予算削減の一層の促進につながることは言うまでもない。カリフォルニア州では、刑務所予算が州立大学予算を超えて久しい。

このように大量収監は、「社会を安全にする」というよりは、家庭崩壊を促進し、社会を腐朽させ、貧しい人々から政治的発言権を奪い、貧しい地域を一層寂れさせ、社会をより危険にしているのである。

放置され続ける大量収監問題

有色人種の大量収監がいかに深刻な問題を引き起こしているかについては多くの人々が指摘しているが、それにもかかわらず、目に見える対策が取られているとはとうてい言えない状況にある。それは、アメリカではこの問題は、政治家が立ち向かうにはあまりに危険な課題であり、かつその政治的展望が持てないからである。「犯罪者を甘やかす」ことは、政治的自殺行為になる。膨大な数に上る「監獄収監者」たちは選挙権を持っていないし、その家族を政治集団として組織することも至難の業なのである。「社会の安全のためには、厳しい懲罰による見せしめが有効だ」という社会通念はなお根強く、産獄複合体への批判はかき消されてしまうことが多い。

歴史的には、黒人団体が、人種のゆえに「無実の罪」で死刑判決を受けた黒人の救援運動に取り組むことは数多くあったが、多数の黒人が軽犯罪で長期刑に追い込まれている不正義を訴える運動にはほとんど取り組んでこなかった。今日、刑務所への差別的大量収監と刑務所での虐待がここまで深刻な事態に至っているにもかかわらず、このような状況にはなお変化が見られない。

全国黒人向上協会（NAACP）などの黒人公民権主要団体は、ほとんどもっぱら「積極的差別是正」政策の防衛などにその力を注ぎ、黒人大衆の差別的大量収監の問題には関わろうとしていない。二〇〇八年一月、全国一八〇の公民権団体によって構成された公民権指導者会議は、公民権擁護に積極的だと思われる連邦議会の議員たちにアンケートを行った。その項目には、投票権、積極的差別是正策、移民政策、任命人事、教育、ヘイト・クライム、雇用、医療、住宅、貧困が含まれていたが、警察官の不当捜査・逮捕、裁判制度の不平等の問題は含まれていなかった。二〇〇九年一月に連邦黒人議員会議が、各地の黒人指導者に宛てた質問状にも、刑事制度に関する項目はなかった。ここにも黒人運動の主流が、もっぱら中産階級の権益擁護に力を入れ、多くの黒人アンダークラスが抱える問題には対処しえていない、「分極化」する黒人社会の現状が読み取れる。

しかし、確かに近年、監獄事情には、わずかではあるが新たな変化が始まっている。財政の危機の中で、政府が監獄予算の膨張に耐えきれなくなってきたこともあって、収監者数抑制策が始められているのである。二〇〇八年四月、民主党が多数を握る議会のもとで可決され、ブッシュ大統領（子）が署名して成立した「セカンド・チャンス法」には、元囚人の社会復帰を容易にし、再犯を抑制するため地域の受け皿を用意する諸政策が盛り込まれた。最近、テキサスやカンザスの代表が、仮釈放の取り消しによる再収監を二五パーセント減らす成果を上げたと連邦議会で報告している。しかし、その多くが麻薬患者と精神病患者であり、彼らが現実に地域社会でどのように受け入れられているかは詳しく検討してみる必要がある。

二〇〇九年二月には連邦裁判所が、カリフォルニア州に対し、同州刑務所の過密状態は憲法修正第八条「残酷で異常な刑罰の禁止」違反にあたるとして、三年以内に囚人を五・五万人削減するよう命じた。またオバマ大統領は、二〇〇九年以後、毎年、議会に一億ドル以上を元囚人の「社会復帰」プログラムに充てるよう要請し続けている。オバマは「麻薬との戦争」の継続を明言しているが、固形コカインと粉末コカインの刑期の格差を大幅に緩和する提案をしている。しかし、それが見るべき成果を上げているという報告はまだ出ていない。

4　多様化する黒人社会

「アフリカ系」移民の文化活動

一九六五年移民法以来急増したヒスパニックの中には、相当数の「アフリカ系」が含まれていたが、それとは別にカリブ海域からの「アフリカ系」を中心とする移住者も目立って増えた。そして一九九〇年代以後は、アフリカあるいはヨーロッパからも「黒人」移民が流入し始めた。一九九〇年代にカリブ海から九〇万人、アフリカから四〇万人、そしてヨーロッパおよびオセアニアから少数流入した。二〇〇〇年には、黒人人口として分類される人のうち、移民が五パーセント、その子供を含めると一〇パーセントに達するまでになっている。

ハイチ革命200周年を祝うハイチ系アメリカ人コミュニティーの人々　2003年，ニューヨークにて．Darlence Clark Hine, William C. Hine, and Stanley Harold, *African Americans: A Concise History*, Pearson Education, 2010 より

ニューヨーク市は時代を先取りする傾向を多くの場合示すが、二〇〇〇年、黒人人口の三分の一が移民であり、その子供まで含めるとほとんど半数を超えるまでに至っている。その後、二〇〇七年までにアフリカからの移民の総数は、全国で一四〇万人に達し、外国生まれの人口の三・七パーセントを占めている。

二一世紀に入って、アメリカの各都市では、カリブ海域で行われているカーニヴァルやお祭り行事が目立つようになった。また、カメルーンの独立記念日の祝祭やナイジェリア人のお祭りも行われている。アフリカでは、多くの国が独立に際して人為的に引かれた植民地時代の境界線を国境線としたため、部族（エスニック）集団が複数の国家に分断されるということが起こったが、今日でも国境を越えた部族集団の結びつきもなお存在している。彼らはアメリカの地で部族集団のお祭りなどの行事を通して、アフリカでの国境の枠を越えたエスニック的結合を確認し、強化する活動に取り組んでいる。

近年入ってきたカリブ海域やアフリカおよびヨーロッパからのアフリカ系移民は、従来のアメリカ国内の黒人団体には加わらず、独自に、例えば、ジャマイカ系、ハイチ系、ナイジェリア系、セネガル系、ヨルバ系、エーヴェイ系など出身集団別にそれぞれの団体を結成して活動している。

異なった歴史的経験

中南米・カリブ海域からアメリカに入国してきたアフリカ系の人々の先祖は、黒人奴隷制を経験してきた点ではそれまで合衆国にいた黒人と共通した歴史を持っているが、奴隷解放後の人種隔離体制やその克服のための運動は経験していない。また、アフリカから直接やってきた人々の祖先は、人種隔離はもちろん黒人奴隷制も経験していなかった。彼らの先祖は、黒人奴隷を売却したり、血縁者を誘拐されて失った人々だった。そして、彼らは、強制連行されてこのアメリカに陸揚げされたのではなく、この国に機会を求めて自らの意思でやってきた「移民」である。

アフリカからアメリカに近年入国してきた「アフリカ系」の人々は、概して学歴が高く、財産や技能・知識を持って渡ってきた者が多く、いわゆるインナーシティーに押し込められることは少ない。また、難民指定された者たちは政府の補助を受けて、全国各地に送り込まれ、特別に保護されることが多い。ジャマイカなどカリブ海域からの移住者は歴史が長いが、彼らも相対的に教育・資産の面で自立性が高く、アメリカでも独自のコミュニティーを維持し、アメリカ南部農村から移住してきた全国の大都市のインナーシティー在住者とは一線を画す生き方をしてきた。

アイデンティティーの変容

このようにして、近年の「アフリカ系アメリカ人」は、それまでの「奴隷制から自由へ」という歴史を共有してきた集団以外の多くの人々を含むようになり、アメリカ社会における相対的位置においても多様化しており、しかもすでに述べたように、黒人中産階級が郊外に流出し、階級意識にも大きな変化が生じている。こうして、「想像の共同体」としての「アフリカ系アメリカ人」は溶解しつつあり、今後、どのようなものに変容していくかは容易には想像できない。

それぞれの集団は、お互いに「アフリカ系アメリカ人」と一括りにされることに抵抗を感じているが、しかし、彼らはアメリカ合衆国では、同じく「黒人」として差別されている。ある黒人は「ポリ公は、ナイジェリア出身のタクシー運転手と三世代目のハーレムの黒人を区別しない」とその差別を表現している。大学教師や弁護士であっても黒人である限りは、警察の「レイシャル・プロファイリング」の対象になり、しばしば車を止められるのである。

また、アフリカに起源を持つ人々の先祖は、歴史的にも西欧諸国の大西洋奴隷交易を基礎とした近代化の荒波を受け、一方は奴隷として、他方は植民地住民として、ともに苦難の歴史を経験してきたのであり、「アフリカ系」としての共通の歴史を歩んできたともみなすことができる。これらの人々は今後、新たな独自のアイデンティティーを形成していく可能性もある。

補　章　BLM運動とは何か

黒人女性の指導的役割

度重なる警官による無防備の黒人に対する殺害に抗議する運動は、二〇一四年ミズーリ州ファーガソンでの大規模な抗議行動の中で、デモ隊が「ブラック・ライヴズ・マター！（「黒人の命や生活」が問われているんだ！）」と唱和したことからブラック・ライヴズ・マター（BLM）運動と呼ばれるようになり、二〇二〇年には全米史上最大規模の大衆運動となった。このBLM運動は現在（二〇二四年）なお進行中であるが、将来、この運動がこれまでの黒人運動とは相当異質な歴史的運動だとみなされるだろうことは間違いない。

BLM運動の顕著な特徴の一つは、黒人女性や性的少数者の活動家が非常に多く、かつ指導的役割を果たしていることである。一九六〇年代の公民権運動では草の根レベルで多くの女性が活躍していたが、トップの指導層は男性が独占していた。公民権運動の象徴的大集会だった一九六三年のワシントン行進集会で演説した女性は一人もいなかった（一三六頁）。それに対してBLM運動では女性が前面に立っている。それは、近年の黒人コミュニティー内部の変化も反映している。慢性的失業状態にある者の多くは男性であり、逮捕され刑務所に収監されるのも多くが男性である。警官に殺害される黒人の大半も男性だ。学校で退学を命じられる生徒も男子が多く、積極的差別是正策が後退し大学進学の機会を失ったのも多くが男子だった。その結果、インナーシティーの人口構成に著しい不均衡が生じている。BLM運動発祥の地であるミズーリ州ファーガソンでは、二〇一〇年には二五―三四歳の黒人女性が一一八二人いたのに、黒人男性は五七七人しかいなかった。それは特殊な事例ではなかった。このような状況のもとで、女性が運動の主役を担わざるをえなくなった。

BLM運動の多くが女性によって担われているのは、黒人フェミニズムの運動がすでに早くから発展し、しっかりした理論的な裏付けを確立していたからでもあった。「カンバヒー・リヴァー・コレクティヴ声明」は、その綱領的文章の一つである。「地下鉄道」運動（四二―四三頁）のヒロイン、ハリエット・タブマンの活躍を象徴するサウスカロライナ州のカンビー川（現地での発音）の名を冠したこのラディカルな黒人フェミニスト集団は、戦略を練るために一九七四年から継続的に集い、一九七七年に次のような声明文（筆者要約）をまとめた。

「米国社会の最底辺にいる貧しい黒人・女性・性的少数者は、階級的・人種的・性的・異性愛的差別に基づくそれぞれを分離できない相互に交差した抑圧を一身に受け、どの他者に対しても特権を保持しておらず、どの他者をも抑圧していない。貧しい黒人・女性・性的少数者は、合衆国のすべてのカテゴリーの抑圧された人々を代表している。

われわれは、植民地主義・帝国主義・資本主義の破壊的影響を最も受けやすく、これを解体する運動において中心的役割を果たす潜在的可能性を持っている。

われわれは、これまですべての運動で付属物としてしか扱われなかった。われわれは、自分たち自身のための組織と運動を構築せねばならない。われわれは、これまでの黒人運動のように運動を白人中産階級の道徳観念やマナーの範囲内に抑え込むつもりはない。われわれは、自分たち自身の当然の主張を躊躇《ちゅうちょ》なく表明する」

彼女たちが「自分たち自身の当然の主張を躊躇なく表明する」と宣言したのは、これまでの運動が、特定の「例外的」な差別との闘いを運動全体に持ち込めば運動が分裂してしまうとして、最底辺の彼女たちの要求を後回しにしてきたことを批判しただけでなく、「すべてのカテゴリーの抑圧された人々を代表して」いる最底辺の被差別者の要求を取り上げて闘うことは、運動を分裂させるどころか、統合の道を指し示すことになると考えたからだった。

BLM運動成立を準備した諸条件

一九九〇年代に「麻薬との戦争」政策に基づいて刑務所人口が急増し、いわゆる産獄複合体が確立した（二〇二―二〇六頁）が、この産獄複合体の膨張に反対するアンジェラ・デイヴィスらが主導する活動の全国的な盛り上がりの中でBLM運動の担い手が育った。

その当時、ラディカルな活動家たちは、黒人の公職への選出に熱中する既存の黒人活動家を批判し、他方で家父長権復権を主張して広がりを見せていたルイス・ファラカンの「黒人男性の一〇〇万人集会」（一六九頁）運動とも対決する必要があった。一九九八年六月には、ラディカルな黒人活動家二〇〇〇人がシカゴに集い、黒人ラディカル評議会を結成した。

そして二〇〇五年八月、ルイジアナ州を襲ったハリケーン・カトリーナは、黒人たちに特に甚大な被害をもたらしたが、ブッシュ（子）政権は黒人たちを放置し、緊急事態を利用して、被災地を一掃し、被災住民を追い立てる巨大企業によるリゾート開発に取りかかった。これに憤慨した若い黒人たちは抗議行動に立ち上がり、ここからも多くの活動家が生まれた。すでに述べたように、黒人たちが大いに期待していたオバマ大統領は、まもなく期待外れに終わった。だからこそ、黒人たちは彼への幻想に縛られることなく、自力でＢＬＭ運動を立ち上げることができたのである。

また、二〇一一年から広がった貧富の極端な格差拡大を糾弾する大規模なオキュパイ運動（一四頁）もＢＬＭ運動の出発を後押しした。

トレイヴォン・マーチン殺害事件

二〇一二年二月二六日フロリダ州サンフォードの郊外住宅街を、フーディー（フード付きパーカー）姿で歩いていた一七歳の黒人少年トレイヴォン・マーチンが、自警団員のジョージ・ジマーマンに怪しまれ、射殺された。

ジマーマンは正当防衛を主張し、警察はこれを受け入れ、彼を逮捕も訴追もしなかった。これに対し近隣の黒人たちは、ツイッター（現X）などのSNSでこのことを知り、抗議活動を始めた。若い活動家たちが「一〇〇万人のフーディー運動」を組織し、ジマーマン起訴要求署名を瞬く間に七〇万人分集めた。彼らは全国規模の集会を呼びかけ、ニューヨークでは三月二一日に五〇〇〇人の集会が開かれた。トレイヴォンの両親が参加したこの集会では、この殺人を警官による一連の黒人殺害事件と結びつけて理解すべきことが強調された。当局は、まもなくジマーマン不起訴を撤回し、彼を逮捕して裁判が開始された。しかし、翌年の七月一三日には正当防衛が認められ、無罪評決が下された。

カリフォルニア州オークランドで住民運動に取り組んでいた黒人女性アリシア・ガーザは、この判決の直後、「黒人たちへのラヴレター」という文章をSNSで発信し、それを「ブラック・ライヴズ・マター」という注意喚起と警告の言葉で結んだ。その後、彼女は、二人の黒人女性活動家オパル・トメティとパトリース・カラーズとともに、この言葉にハッシュタグをつけ、人々が議論しあえる共通の場を提供するオンライン・プラットフォームを作った。

この間にシカゴでは黒人青年男女の組織化、指導者養成活動が進み、七月一三日の無罪評決の日には自然発生的な集会が始まった。ワシントン行進五〇周年にあたる八月には、ワシントンDCで全米の活動家を結集した「黒人青年プロジェクト一〇〇」の集会が持たれ、ワシントンDCのほか、シカゴ、ニューヨーク、オークランドにも支部が設立された。

この年「警察暴力を集計する専門家集団」が『ワシントン・ポスト』の協力を得て、警官による民間人殺害のデータを独自に集計し始めた。それによれば、二〇一三―二三年の一一年間に一万二四五三人が殺害され、人口あたりの件数では、黒人が白人の約三倍に上った。

運動の全国化

翌年の二〇一四年八月九日、ミズーリ州ファーガソンで黒人青年マイケル・ブラウンが、白人警官ダレン・ウィルソンによって射殺された。車道を歩いていたブラウンに歩道を歩けとウィルソンが命じたことから争いが始まり、「ブラウンを悪魔のように恐ろしいと感じた」ので撃ったとウィルソンは証言した。路上に放置されたブラウンの遺体に母親が近づくことも許されず、その姿がSNSによって拡散された。遺体が移動された後、現場に花束、写真、ぬいぐるみ、プラカードなどが捧《ささ》げられたが、パトカーがこれを蹴《け》散《ち》らした。

その直後、人々が町に繰り出し、「ブラック・ライヴズ・マター！」と連呼し始めた。「犯罪予備軍である黒人の『命や生活』など大した問題でない」とする警察の姿勢に対して「もう自分たちは、自分たちの『命と生活』を諦《あきら》めない」と叫んだのである。

BLM運動の提唱者だった三人の黒人女性が、「ファーガソンの蜂起」を支援するために全国の活動家にファーガソンに結集するよう呼びかけ、各地の活動家が交流して「BLMネットワーク」が発足した。ダレン・ウィルソンの起訴を求めるＢＬＭ運動は急拡大し、全米・全世界からファーガソンにメディアが殺到した。

続いて翌二〇一五年四月一二日、メリーランド州ボルティモアで黒人フレディー・グレイが、軽犯罪の疑いで逮捕された。彼が虐待されて一九日に死亡し、再び大規模な抗議行動が始まった。このボルティモアでは、事件に関与した警官六名のうち三名が黒人で、そのうちの一人は女性だった。また市長も州検察官も黒人女性だった。ここでは、虐待に関与した警官は起訴されたものの、いずれも無罪が宣告されるか起訴が取り下げられた。市当局は、住民との対話集会を開き謝罪したが、黒人たちの怒りは収まらなかった。住民はボルティモア市警のやり方は「黒人を選び出し、住民に対する従来と同じ暴力を彼らに担わせている白人至上主義」だと批判した。

このような運動の高揚の中で、全国各地に多くの場合は女性を指導者とする若者中心の多様な黒人組織が生まれ、数多くの会議、合宿研修が行われて運動の交流が進められた。中でも二〇一五年七月にクリーヴランド州立大学で二〇〇〇人の活動家を集めて開かれた大会には、警官に殺害された犠牲者の家族や、一九八〇年代から活動に従事してきたベテラン活動家も参加した。ニューヨーク州では、ＢＬＭ運動の最初の提案者アリシア・ガーザが案内役を務め活動家約一〇〇名が合宿研修会に集い、今後の活動方針についての検討が行われた。

史上最大の抗議行動

その後も警官による黒人殺害事件は続いた。二〇二〇年五月二五日にミネソタ州ミネアポリスで起きた白人警官デレック・ショウヴィンによる黒人ジョージ・フロイド絞殺事件は、一部始終が一七歳の黒人少女によってヴィデオ撮影され、世界中に拡散された。偽札《にせさつ》でタバコを購入しようとしたと疑われたフロイドは、警官たちに組み伏せられ、舗装道路の上でショウヴィンの膝《ひざ》で九分間も頸部《けいぶ》を圧迫されて息絶えたのである。

直ちに全米二〇〇〇都市で抗議行動が始まり、六〇か国でも抗議集会が開かれた。一部が暴徒化し、略奪や破壊活動も発生した。これに対して、全米で合計九・六万人の軍隊が出動し、催涙ガスやゴム弾が発射され、参加者一・四万人が逮捕され、一九人が死亡した。『ニューヨーク・タイムズ』によれば、抗議行動の参加者は白人を含めて全国で一五〇〇万から二六〇〇万人と推定され、アメリカ史上最大の抗議行動となった。

翌年四月二〇日には関係者の裁判が行われ、デレック・ショウヴィンは有罪評決を受け、六月二五日には二二年半の収監刑を申し渡された。

しかし、その後も警官による黒人殺害は減らなかった。例えば、二〇二三年一月七日にテネシー州メンフィスでタイリー・ニコルズが交通違反で警官に逮捕され、五人の黒人警官から暴行を受け、のちに病院で死亡する事件があった。警官による民間人殺害件数は、この二〇二三年の一年間で、統計を取り始めた二〇一三年以来最多の一二三二件を記録した。

ゴーストタウン化と都市再開発

一九七〇年代以降、黒人の進学率が上昇し、行政や企業も黒人雇用を拡大した結果、黒人中産階級が急増し、まもなく彼らの多くが都市中心部から脱出し、黒人も多く住む郊外に移住し始めた。一九七〇年に三六〇万人だった黒人郊外居住者は、一九八六年には七一〇万人に増え、黒人住民の四分の一を占め、二〇〇〇年にはおよそ四割に達した。彼らが出ていった後のインナーシティーは、教会や小商店が信者や顧客を失ってゴーストタウン化している。

インナーシティーに打撃を与えているもう一つの要因は、高速道路などのインフラを整備して、中高所得者を大都市中心部に移住させる都市再開発計画だった。都市中心部を安全な高級商店・住宅街とする目的で、住民の行動管理が強化され、貧困層の排除が進んだ。例えば、ホームレスを排除するために公共空間での睡眠、物乞い、特定の場でのぶらつき、車の中での就寝、立ち小便、ホームレスへの食料提供などを罰する条例が制定された。それらの行為や交通違反の罰金は、財政危機に陥っていた自治体の貴重な収入源になった。

警官は、人種的外観に基づいて、特に多くの黒人やヒスパニックを尋問し、麻薬犯として逮捕している。この地域には麻薬ギャングが深く根を張って住民を脅し、慢性的失業で絶望的な状態に置かれている黒人住民は、精神的不安と緊張を強いられ麻薬に汚染されやすく、警官とのいざこざに巻き込まれて被害を受けることが多い。

黒人公職者の急増と体制内化

黒人の大都市への集中傾向、白人の郊外への逃避が続き、一九七〇年代以降、都市部では、黒人が議員や市長、警察署長などの公職に多数当選するようになった。一九七〇年に全国で一四六九人だった黒人公職者は、二〇〇一年には九〇六一人に増えていた。

しかし、白人住民の脱出による税収減に加え、連邦予算の補助金削減でどの都市でも財政は逼迫していた。住民の生活改善につながる都市行政の予算は限られており、黒人政治家の多くは、治安の強化、公的サービスの民営化、福祉・教育予算の削減に手を貸している（一八四一―一八六頁）。彼らの多くは、インナーシティーの住民を守るに値しない犯罪予備軍とみなしており、「麻薬との戦争」を支持し、厳罰主義を公言している。今や黒人政治家の多くが産獄複合体の推進者にさえなっている。二一世紀に入り黒人警官が急増し、人口二五万人以上の都市では、黒人が二〇パーセント、ヒスパニックが一四パーセントを占めている。

多くの黒人政治家は、ウォルマート、マクドナルド、コカ・コーラをはじめ巨大企業から献金を受けており、その他には、黒人の投票権抑制立法の急先鋒であるアメリカ立法交流会議や公的健康保険導入に抵抗している保険会社・製薬会社からも献金を受けている。そのような黒人政治家は、インナーシティーの荒廃を放置し、企業減税を誘い水にした都市再開発計画に協力し、貧困住民の追い立てに手を染めている。

運動の様々な日常活動

各地のBLM運動は、無防備な黒人を殺害した警官の氏名の公表、停職、給料支払い停止、逮捕・起訴と有罪判決を要求している。そして彼らは、警察予算を削減し、それを福祉・教育の充実に振り向けることによって犯罪を抑止し、コミュニティーの安全を実現できると主張している。現に一部の自治体で、わずかではあるが予算の組み換えが進んでいる。

警察の暴力の被害者、その遺族救援活動はBLM運動の重要な活動だった。近隣に救急病院がない住民の要求を受けて、インナーシティーに隣接しているシカゴ大学では住民のために外傷緊急医療センターを開設した。また犠牲者の葬儀費用の募集、追悼集会や住民の娯楽と癒しのための様々な企画が実践されている。人口流出で食料品店がすっかり減ってしまい、公共交通機関の廃止や間引き運転も進んでいるインナーシティー内部を移動するファーマーズ・マーケット・バスの運行や、安全で新鮮な食品を供給する「食の正義」運動、そしてホームレス支援も取り組まれている。

近年の民間統一テスト導入は、平均点の低い公立学校を廃校に追い込む手段となっており、学校は平均点を引き上げるために、成績の悪い生徒を多く退学させるようになっている。校内に常駐している警官に「非行」生徒が引き渡され、子供たちを学校から追い出し、最終的には刑務所に送り込む学校→少年院→刑務所パイプライン現象が生まれている。BLM運動は、教員組合とともに民間統一テスト導入や公立学校廃校に反対する運動に取り組んでいる。

アメリカでは、「自由で平等な、努力すれば誰もが成功できる」国としてこの国が出発したとの「建国神話」に基づく歴史教育が広く行われている。これに対して、BLM運動を支持する歴史家は、黒人奴隷制と先住民征服を基礎にこの国が建国された事実を直視したアメリカ史教科書『一六一九年プロジェクト』を編纂し、広範な読者を得て話題を呼んでいる。それによれば、アメリカ合衆国は、奴隷制擁護の仕組みを基礎に据えた憲法に基づいて出発した国であり、南北戦争までは、大統領や最高裁判所判事の大半は、奴隷主だった。黒人奴隷制は西部の先住民を排除し領土を拡張しつつ膨張していった。したがって、この国の出発点は、黒人奴隷が最初に導入された一六一九年だとすべきだというのである。

また、BLM運動は、公的な場に数多く建てられている奴隷貿易商人や南北戦争で奴隷制擁護のために戦った南軍の将軍・兵士の像に異議を申し立て、その撤去が進んだ。西欧諸国でも奴隷貿易で富を蓄積した人物の像が数多く公的な場から姿を消した。

さらにBLM運動は、巨万の富を生み出した無償の奴隷労働に対する補償を要求した。キング牧師は一九六三年ワシントン集会での有名な「私には夢がある」演説（一三六頁）で「私たちは、長い間不払いのままになっている小切手を換金してもらうためにここに来ました」と演説したが、『一六一九年プロジェクト』の編纂者ニコル・ハナ・ジョーンズは、在米ホロコースト生存者に毎年五〇〇〇万ドルを払っているアメリカ政府は、その小切手を換金する財政的余裕が十分あるはずだと述べている。

分散型指導体制と運動の統一

ＢＬＭ運動は、多様な団体のネットワーク運動であり、少数の指導者や統一した運営を行う組織は存在しない。この組織形態（分散型指導体制）には、担い手の活力や創造的アイディアを引き出すことができる利点がある反面、運動を攪乱する意図をもって運動内部に入り込もうとする集団（ＦＢＩ工作員など）を抑え込む体制が整っていない。また、政権や政党指導部が、この運動から特定の人物を選び出して接触し、ＢＬＭ運動内部に対立が持ち込まれることもあった。オバマ大統領は、指導者の一人アイスリン・プリーを非公開の話し合いに招待したが、彼女は、「政府が警察の暴力や制度的人種主義をあたかもやめさせようとしているとの誤った印象を与えるのに利用される」だろうとしてそれを拒否した。しかし、別のリーダー、ブリタニー・カニンガムは、会談に応じてオバマ政権の警察問題対策委員会に入った。

寄付金の扱いは、もっと厄介な問題だった。特に二〇一四年ファーガソンの蜂起以降、グーグルやフォード財団などからも寄付金が殺到するようになった。財団の金は、運動のプロ化を促進し、本来の原動力である草の根運動が後景に追いやられる危険があった。大統領選挙が過熱していた二〇一六年夏以降、ヒラリー・クリントン陣営はＢＬＭ運動への寄付金斡旋工作を強化した。運動が過激化しないように抑え込み、選挙を有利に展開するのが目的だった。寄付金の獲得競争も、運動に分裂を持ち込む危険性がある。資金の私的流用を阻止し、民主的な討論を通じてその配分と管理を厳格に運用できる人材の育成が欠かせない。

オキュパイ運動が短期間に崩壊した経験を学んで、「自然発生性に任せるのではなく、状況に対応して迅速に意思決定する組織が必要だ」との認識は広がっており、BLM運動内部では、運動組織間の連絡・調整および活動家の養成を目的とする活動が強化され、権限を少数の指導者に集中せず多数の指導者が運動を担う組織を構築する努力が重ねられてきた。

略奪・破壊行為をどう理解すべきか

BLM運動の一部で略奪・破壊行為が発生すると、メディアの多くは「暴動」を誇大に報じ、国民と運動との離反をはかった。しかし、『ワシントン・ポスト』は、二〇二〇年のジョージ・フロイド殺害に抗議する運動を詳しく検証し、集会・デモ七三〇五件のうち九六パーセントは一人の怪我人も出さない平和的なものだったと報告した。また地元ミネアポリスの新聞『スター・トリビューン』は、この町での破壊活動を先導したのは、白人至上主義団体ヘルズ・エンジェルス所属の男性だったとし、その男の映像を公表した。

オバマ大統領は、「黒人の怒りがむしろ本当の問題の解決から関心を逸《そ》らせてしまう」と論評したが、非暴力直接行動を主張してきたキング牧師は晩年「私は、この国で暴力を振るっているのは、何よりもわが国政府であることを指摘せずに、インナーシティーの抑圧された人々の暴力を非難することはできません」と発言している。また、BLM運動の主力組織の一つである「黒人青年プロジェクト一〇〇」（前出）は、その声明で、「黒人の怒りとは正当な根拠のある怒りです。われわれは、その暴力的怒りの表明に対して、言い訳すべきではなく、怒りを表明する黒人同胞とともにあることを断固として表明します」と述べている。

しかし、黒人たちの略奪と破壊行為によって白人市民の多くが離反したことも否定できない。運動には、運動全体に損害を与える暴力行為を抑制する工夫が不可欠だろう。

運動に対する攻撃

警察当局が、BLM運動を違法な犯罪行為だと見なし、彼らを逮捕・投獄したことも少なくない。非暴力的な運動参加者に対する警察の暴力的弾圧によって負傷者や死者が出たこともあった。器物損壊に対する損害賠償がBLM運動に命ぜられたこともあり、白人至上主義者による襲撃もあった。

米国の社会や歴史に人種差別が構造的に組み込まれているとする「批判的人種理論」や『一六一九年プロジェクト』の米国史教育を「白人全体を差別者とする偏向教育だ」として禁止する教育委員会が続出している。また学校や公立図書館では次々と偏向図書が指定され、書架から除去される禁書が激化している。それは赤狩り時代の再来を思わせる。

その後のBLM運動

BLM運動は、黒人女性や性的少数者を前面に立てた運動として発展した。この運動は、インナーシティーの黒人住民への警官による人種差別的監視や逮捕・残虐行為に抵抗する一九九〇年代以降の諸運動の中で育成された活動家たちによって準備された。彼らは、保守化した黒人エリート集団に対する幻想を克服し、独自の黒人運動を構築した。インナーシティーに基礎を置くこの運動は、多数の指導者に支えられる非中央集権的組織構造を備えた運動の構築を模索し、指導者の養成に力を注いでいる。

グローバル化の急激な進展により世界中の民衆が危機的な状況に陥り、二一世紀に入りそれに対応した各地域の民衆運動にはこれまでにない新たな特徴が現れつつあると指摘されている。アメリカのBLM運動もその一つであり、とりわけ多数の指導者によって支えられる分散型指導体制を持つ民衆運動構築の試行錯誤は、特記すべき特徴であり、今後の世界の民衆運動の行く末に大きなインパクトを与える可能性があるように思われる。

BLM運動は、すでに以前からパレスチナの抵抗運動との連帯運動に取り組んできたが、近年、新たにパレスチナのガザ地区に対するイスラエルの武力攻撃に抗議する運動にも積極的に取り組んでいる。それだけでなく、従来のコミュニティー内部での地道で継続的な草の根運動も各地で続けている。

あとがき

本書は、本田創造著『アメリカ黒人の歴史』（岩波新書、一九六四年）と『アメリカ黒人の歴史　新版』（同、一九九一年）の内容を、その後の時代状況の変化を踏まえ、また、この間のアメリカ史研究の蓄積に基づいて、書き直すことを目指したものである。

私が本田先生のもとで初めてアメリカ史の勉強を始めたのは、ベトナム戦争がまだ激しく戦われ、冷戦の枠組みのもとで世界がすべて動いているように見えた時代だった。そんな中で、本田先生のこの著書は、ベトナムを侵略していたアメリカの胎内に、人種のゆえに差別され抑圧されながら、したたかに抵抗してきた黒人の歴史があること、そして、その歴史はアメリカ社会を確実に進歩の方向に突き動かしてきたことを生き生きと伝えてくれた。虐げられた者に徹底的に身を寄せ、抑圧する者に一切譲歩しない先生のその姿勢は、アメリカ史研究を目指す私たち若い初学者を引き付けていた。

『アメリカ黒人の歴史　新版』は、旧版の基本的枠組みは残したまま、新しい時代を書き加えたものであるから、この本は書かれてから、すでに五〇年を過ぎていると言える。しかも、新版は今日なお増刷され、書店に並べられ続けている。格調高い気品あふれるこの著作は、名実ともにまさに古典的名著となっている。

本田先生は、決してそれで満足されていたわけではなく、新版のはしがきで、「新しい世代の歴史研究者の手で、新しい時代に適応した、新しいアメリカ黒人の歴史が、近い将来、一日も早く書かれることによって、本書が無用のものとなる日が到来することを願いつつ」この本を書いたと述べておられる。

しかし、本田先生が私たち「新しい世代」に与えた宿題は、すでに二〇年以上放置されてきた。私は、本書は、遅ればせながら今は亡き本田先生に提出される宿題だと思っている。残念ながら、本田先生の『アメリカ黒人の歴史』が「無用のものとなる日を到来」させたと自信を持って言うことは必ずしもできないのだが、少なくとも先生の著作ばかりが、「アメリカ黒人の歴史」の決定版ではないと主張することはできると思っている。

ここで繰り返すまでもなく、この五〇年間の世界の変化は、われわれの世界史認識の枠組み全体を大きく変えてきた。特に冷戦の終焉《しゅうえん》と社会主義体制の崩壊は、史的唯物論に基づく「観念的」進歩史観に重大な変更を迫った。

アメリカ史の世界でも、一九七〇年代以後、民衆のしたたかな抵抗の掘り起こしを中心とする社会史研究の隆盛に加えて、アメリカの労働者階級の歴史を人種差別主義との関係で描き直す研究も登場し、また、特に、一九九〇年代以後は、国際関係と国内の民衆の運動、社会変革の関係を問い直す研究や、黒人内部の階級分裂や性差別の問題にも関心が集まり、研究が蓄積されてきた。

読者の皆さんには、是非本書を、本田先生の『アメリカ黒人の歴史　新版』と読み比べていただけるとありがたい。一読すれば、この間にいかに歴史認識が変化・発展したかを知っていただけるものと思う。

ところで、昨今の若者の歴史離れは、私のような世代の人間には想像を絶している。「アメリカがイギリスから独立したとは知らなかった」と学生が言うのを聞いて私は、「なるほど」と思った。考えてみれば、高校で世界史を学んでいなければ、学校教育でそれを知る機会がないのはごく当然なのである。また、よく言われるように最近の若者は、なかなか本を読まない。特に「難しい本」は苦手だ。

しかし、このような学生たちが、オバマ大統領の演説を読むと「感動的ですね。涙が出てきました」とごく自然に声を発し、世界に何か新たな変化が生まれてくるのではないかと、素直に期待を表明するのである。彼らは、アメリカでは今黒人が大いに輝いているが、なお多くの黒人が差別に苦しんでいるらしいことを、それなりに知っている。私は、このような若者たちにこそ読んでもらいたいと思って本書を書いてきた。

しかし、この小さな新書に「アメリカ黒人の歴史」をまとめることは至難の業だった。近年の歴史研究の魅力的な成果の多くを、若い人たちに知ってもらい、それを正しく理解してもらうためにはもっともっと説明が必要だからである。また、私は、「プロローグ」で、アメリカ黒人のことを「アメリカのカナリア」と表現したが、このカナリアは、アメリカ史全体に目を見張り、警告を発し続けてきたのであるから、この本では、アメリカ史の重要な歴史上の諸事件すべてに目を配り、それをできる限り説明したかったのである。

また、本書では、まだ「歴史」としては描かれてこなかった一九六四年公民権法制定以後の五〇年にできるだけ多くの頁数を割くようにした。しかし実は、この五〇年間を「歴史」として描くことが最も困難な作業だった。今の若い人たちにとっては、すでにそれは「歴史」なのだが、この五〇年間のアフリカ系アメリカ人の経験を全体として、どのように時期区分し、それぞれの時代の特徴をどうとらえるかについて、まだ歴史家の議論が積み上げられているとは言い難いからである。政治学者や社会学者、経済学者の現状分析が無数に出版され、多くの事実が知られているが、それを歴史的な脈絡の中に位置づけ直さねば、事実の羅列に終わってしまい、「歴史」にはならない。

そのため、この五〇年間を扱っている本書の第五章、第六章は、かなりの「勇み足」を覚悟のうえで私なりの脈絡をつけてみた。専門家の方には厳しいご批判をいただくだろうと思われるが、一つの問題提起と受け止めていただければ幸いである。

そんなわけで、このような小さな新書でも、出来上がるまでには紆余《うよ》曲折を経て、思いのほか長い時間がかかってしまった。その過程でいろいろな方々のお世話になった。みなさんにお礼を申し上げたい。中でも、お名前は存じ上げないが最終段階で校閲にあたってくださった方には、有益なご指摘を数多くいただき、多くの誤りから救われたことを心より感謝したい。

振り返ってみると、最初の編集担当者になってくださった白戸直人さんの「半分近くを公民権法以後に充ててはどうか」との示唆は、実に厳しくかつ的確なものだった。私はその言葉に鞭《むち》打たれながら、必死に新しい課題に挑戦し、それなりの達成感を得ることができた。白戸さんには深い感謝の意を表したい。

また、執筆の過程での適切な叱咤激励と、最終段階で、有益かつ実行可能な具体的提案をしてくださった本書の編集担当者並木光晴さんには、あつくお礼申し上げたい。

最後に、本書の出版に際して、油井大三郎、有賀夏紀の両氏には何かとお世話になったことをここに記し、お礼の言葉とさせていただきたい。

二〇一二年一二月二四日、雪の札幌にて

上杉　忍

Henry Louis Gates, Jr., *Life Upon These Shores: Looking at African American History, 1513–2008*, Alfred A. Knopf, 2011.

Steven Hahn, *A Nation under Our Feet: Black Political Struggles in the Rural South from Slavery to the Great Migration*, Belknap Press of Harvard University Press, 2003.

Steven Hahn, *The Political Worlds of Slavery and Freedom*, Harvard University Press, 2009.

Jacquelyn Dowd Hall, "The Long Civil Rights Movement and the Political Uses of the Past," *The Journal of American History*, Vol.91, No.4, March 2005.

Nikole Hannah-Jones, et al., *The 1619 Project*, New York Times Company, 2021.

Darlene Clark Hine, William C. Hine and Stanley Harrold, *African Americans: A Concise History*, Third Edition, Pearson Education Inc., 2010.

Robin D. G. Kelley and Earl Lewis eds., *To Make Our World Anew: A History of African Americans*, Oxford University Press, 2000.

Leon F. Litwack, *How Free is Free?: The Long Death of Jim Crow*, Harvard University Press, 2009.

Manning Marable, *Race, Reform, and Rebellion: The Second Reconstruction and Beyond in Black America, 1945–2006*, Third Edition, University Press of Mississippi, 2007.

Nell Irvin Painter, *Creating Black Americans: African-American History and its Meanings, 1619 to the Present*, Oxford University Press, 2006.

David R. Roediger, *How Race Survived US History: From Settlement and Slavery to the Obama Phenomenon*, Verso, 2008.

Thomas J. Sugrue, *Not Even Past: Barack Obama and the Burden of Race*, Princeton University Press, 2010.

Keeanga-Yamahtta Taylor, *From #BlackLivesMatter to Black Liberation*, Haymarket Books, 2016.

Keeanga-Yamahtta Taylor, ed., *How We Get Free: Black Feminism and the Combahee River Collective*, Haymarket Books, 2017.

アン・ムーディ『貧困と怒りのアメリカ南部――公民権運動への25年』(樋口映美訳，彩流社，2008年)
ピーター・メドフ，ホリー・スクラー『ダドリー通り――破壊された街の再生の物語』(大森一輝ほか訳，東洋書店，2011年)
安武秀岳『自由の帝国と奴隷制――建国から南北戦争まで』(ミネルヴァ書房，2011年)
バーバラ・ランズビー『ブラック・ライヴズ・マター運動 誕生の歴史』(藤永康政訳，彩流社，2022年)
ドロシー・スプルール・レッドフォード『奴隷制の記憶――サマセットへの里帰り』(樋口映美訳，彩流社，2002年)
G・P・ローウィック『日没から夜明けまで――アメリカ黒人奴隷制の社会史』(西川進訳，刀水書房，1986年)
セオドア・ローゼンガーテン『アメリカ南部に生きる――ある黒人農民の世界』(上杉忍ほか訳，彩流社，2006年)
デイヴィッド・R・ローディガー『アメリカにおける白人意識の構築――労働者階級の形成と人種』(小原豊志ほか訳，明石書店，2006年)
和田光弘『紫煙と帝国――アメリカ南部タバコ植民地の社会と経済』(名古屋大学出版会，2000年)
Michelle Alexander, *The New Jim Crow: Mass Incarceration in the Age of Colorblindness*, The New Press, 2010.
Ira Berlin, *The Making of African America: The Four Great Migrations*, The Penguin Group, 2010.
Douglas A. Blackmon, *Slavery by Another Name: The Re-Enslavement of Black Americans from the Civil War to World War II*, Doubleday, 2008.
Clayborne Carson, Emma J. Lapsansky-Werner and Gary B. Nash, *The Struggle for Freedom: A History of African Americans*, Second Edition, Pearson Education Inc., 2011.
Charles D. Chamberlain, *Victory at Home: Manpower and Race in the American South during World War II*, The University of Georgia Press, 2003.
Alan Elsner, *Gates of Injustice: The Crisis in America's Prisons*, Pearson Education Inc., 2006.
Eric Foner, *Give Me Liberty!: An American History*, W. W. Norton & Company, 2004.

人姉妹の一世紀――家族・差別・時代を語る』（樋口映美訳，彩流社，2000 年）
西出敬一ほか「カリブ海地域圏と奴隷制」，「北米南部社会の形成」『南北アメリカの 500 年　第 1 巻　「他者」との遭遇』（歴史学研究会編，編集担当・富田虎男ほか，青木書店，1992 年）213－246 頁，280－298 頁
西出敬一「アメリカ史の初期設定と『人種』」『アメリカニズムと「人種」』（川島正樹編，名古屋大学出版会，2005 年）36－61 頁
西出敬一「ブラック・アトランティックの世界」『シリーズ・アメリカ研究の越境　第 5 巻　グローバリゼーションと帝国』（紀平英作ほか編著，ミネルヴァ書房，2006 年）39－61 頁
ジェームス・M・バーダマン『アメリカ黒人の歴史』（森本豊富訳，ＮＨＫブックス，2011 年）
浜忠雄『ハイチ革命とフランス革命』（北海道大学図書刊行会，1999 年）
アイラ・バーリン『アメリカの奴隷制と黒人――五世代にわたる捕囚の歴史』（落合明子ほか訳，明石書店，2007 年）
藤永康政「ブラック・ライヴズ・マター蜂起の可能性」『世界』2020 年 8 月号（岩波書店）42－51 頁
ジョン・ホープ・フランクリン『アメリカ黒人の歴史――奴隷から自由へ』（井出義光ほか訳，研究社，1978 年）
アレックス・ペイト『アミスタッド』（雨沢泰訳，新潮文庫，1997 年）
アレックス・ヘイリー『ルーツ』（安岡章太郎ほか訳，社会思想社，1977 年）
ネル・アーヴィン・ペインター『白人の歴史』（越智道雄訳，東洋書林，2011 年）
本田創造『アメリカ南部奴隷制社会の経済構造』（岩波書店，1964 年）
本田創造『アメリカ黒人の歴史』（岩波新書，1964 年）
本田創造『私は黒人奴隷だった――フレデリック・ダグラスの物語』（岩波ジュニア新書，1987 年）
本田創造『アメリカ黒人の歴史　新版』（岩波新書，1991 年）
シドニー・W・ミンツ『甘さと権力――砂糖が語る近代史』（川北稔ほか訳，平凡社，1988 年）

か訳，みすず書房，1966年）
マーチン・ルーサー・キング『黒人の進む道――世界は一つの屋根のもとに』（猿谷要訳，サイマル出版，1968年）
ベンジャミン・クォールズ『アメリカ黒人の歴史』（明石紀雄ほか訳，明石書店，1994年）
ナオミ・クライン『ショック・ドクトリン』（幾島幸子，村上由紀子訳，岩波書店，2011年）
ロナルド・シーガル『ブラック・ディアスポラ――世界の黒人がつくる歴史・社会・文化』（富田虎男監訳，明石書店，1999年）
清水忠重『アメリカの黒人奴隷制論――その思想史的展開』（木鐸社，2001年）
ハリエット・ジェイコブズ『ハリエット・ジェイコブズ自伝――女・奴隷制・アメリカ』（小林憲二編訳，明石書店，2001年）
ジャクリーン・ジョーンズ『愛と哀――アメリカ黒人女性労働史』（風呂本惇子ほか訳，學藝書林，1997年）
ケネス・M・スタンプ『アメリカ南部の奴隷制』（疋田三良訳，彩流社，1988年）
ハリエット・ビーチャー・ストウ『新訳　アンクル・トムの小屋』（小林憲二監訳，明石書店，1998年）
フレデリック・ダグラス『アメリカの奴隷制を生きる――フレデリック・ダグラス自伝』（樋口映美監訳，彩流社，2016年）
フランク・タネンバウム『アメリカ圏の黒人奴隷――比較文化史的試み』（小山起功訳，彩流社，1980年）
中條献「『アメリカ人』への誘惑――国民統合のプロセスと人種・エスニシティ」『アメリカの歴史――テーマで読む多文化社会の夢と現実』（有賀夏紀ほか編，有斐閣アルマ，2003年）234－252頁
中條献『歴史のなかの人種――アメリカが創り出す差異と多様性』（北樹出版，2004年）
辻内鏡人『アメリカの奴隷制と自由主義』（東京大学出版会，1997年）
アンジェラ・デイヴィス『監獄ビジネス――グローバリズムと産獄複合体』（上杉忍訳，岩波書店，2008年）
W・E・B・デュボイス『黒人のたましい』（木島始ほか訳，岩波文庫，1992年）
セラ＆A・エリザベス・デレイニィ，A・ヒル・ハース『アメリカ黒

参考文献

荒このみ『マルコムX――人権への闘い』(岩波新書, 2009年)
E・ウィリアムズ『資本主義と奴隷制――ニグロ史とイギリス経済史』(中山毅訳, 理論社, 1968年)
E・ウィリアムズ『コロンブスからカストロまで――カリブ海域史, 1492-1969』(川北稔訳, 岩波書店, 1978年)
上杉忍『公民権運動への道――アメリカ南部農村における黒人のたたかい』(岩波書店, 1998年)
上杉忍『二次大戦下の「アメリカ民主主義」――総力戦の中の自由』(講談社選書メチエ, 2000年)
上杉忍「肌の黒いわれわれもアメリカ人だ」『アメリカの歴史――テーマで読む多文化社会の夢と現実』(有賀夏紀ほか編, 有斐閣アルマ, 2003年) 119－140頁
上杉忍『ハリエット・タブマン――「モーゼ」と呼ばれた黒人女性』(新曜社, 2019年)
上杉忍「BLM運動――新自由主義・産獄複合体との対決の最前線に立つ黒人運動」『唯物論』97号 (模索舎, 2023年12月) 26－46頁
トーマス・L・ウェッバー『奴隷文化の誕生――もうひとつのアメリカ社会史』(西川進監訳, 新評論, 1988年)
小川了『奴隷商人ソニエ――18世紀フランスの奴隷交易とアフリカ社会』(山川出版社, 2002年)
アリシア・ガーザ『世界を動かす変革の力――ブラック・ライヴズ・マター共同代表からのメッセージ』(人権学習コレクティブ監訳, 明石書店, 2021年)
川島正樹『アメリカ市民権運動の歴史――連鎖する地域闘争と合衆国社会』(名古屋大学出版会, 2008年)
パトリース・カーン＝カラーズ, アーシャ・バンデリン『ブラック・ライヴズ・マター回想録――テロリストと呼ばれて』(ワゴナー理恵子訳, 青土社, 2017年)
M・L・キング『自由への大いなる歩み――非暴力で闘った黒人たち』(雪山慶正訳, 岩波新書, 1959年)
マーチン・ルーサー・キング『黒人はなぜ待てないか』(中島和子ほ

ソン，700 万票を獲得（「虹の連合」）
1989年　ローレンス・ダグラス・ワイルダー，ヴァージニア州知事に当選（初の黒人知事）
1991年　黒人保守派クラーレンス・トーマスの最高裁判事任命をめぐって，上院司法委員会で聴聞会（アニータ・ヒルに対するセクハラ問題）
1994年　連邦政府資金で 5 年間に 10 万人の警察官増員を決定
1995年　ルイス・ファラカンの呼びかけで「男性の 100 万人集会」開催
1996年　「個人の責任と労働機会の調整法」成立（社会福祉制度の解体・再編）
1998年　黒人ラディカル評議会結成
2002年　ニューヨーク市で，教育予算削減に抗議するヒップ・ホップ集会開催
2005年　ハリケーン・カトリーナ，ニューオーリンズを襲う
2008年　元囚人の社会復帰を促進する「セカンド・チャンス法」成立．民主党のバラク・フセイン・オバマ候補，大統領に当選
2009年　連邦裁判所，「カリフォルニア州の刑務所の過密収容は憲法違反状態」として，収容者数削減を命令する判決
2011年　全国に「99 パーセントの人々のオキュパイ運動」広がる
2012年　トレイヴォン・マーチン殺害事件．オバマ，大統領に再選される
2013年　ハッシュタグ「ブラック・ライヴズ・マター」開始
2014年　ファーガソンの蜂起（ＢＬＭ運動の始まり）
2015年　ボルティモアでフレディー・グレイ殺害事件
2016年　共和党のドナルド・トランプ候補，大統領に当選
2020年　ジョージ・フロイド絞殺に対する史上最大の抗議行動

における人種隔離は憲法違反）
1955年　エメット・ティル少年殺害事件．モントゴメリー・バスボイコット運動開始（—1956 年）
1956年　南部選出連邦議員，ブラウン判決への不服従を誓う「南部宣言」発表．最高裁判所，「バスの人種隔離は違憲」との判決
1957年　マーチン・ルーサー・キングを中心に南部キリスト教指導者会議（ＳＣＬＣ）結成
1960年　ノースカロライナ州グリーンズボロで「座り込み運動」開始．学生非暴力調整委員会（ＳＮＣＣ）結成
1961年　人種平等会議（ＣＯＲＥ），「自由乗車」運動開始
1962年　マイケル・ハリントン『もう一つのアメリカ』出版
1963年　バーミングハム闘争．ジョン・Ｆ・ケネディー大統領，強力な公民権法の提案を宣言．「ワシントン行進」20 万人以上が集結．ケネディー大統領暗殺される
1964年　公民権法成立．ミシシッピ州でフリーダム・サマー運動．ミシシッピ自由民主党結成，代議員を民主党大統領候補指名大会に派遣
1965年　マルコム・Ｘ暗殺される．アラバマ州セルマからモントゴメリーまで投票権法要求行進．投票権法成立．ロサンジェルスのワッツ地区で暴動
1966年　「ブラック・パワー」のスローガンが叫ばれ始める
1967年　ニューアーク暴動．デトロイト暴動．キング，ベトナム戦争反対を明言
1968年　「市民騒擾に関する全国諮問委員会」報告発表．キング暗殺される
1972年　インディアナ州ゲアリーで 3000 人の代議員と 5000 人の傍聴者が参加し，「全国黒人政治会議」を結成
1975年　ボストンの強制バス通学政策への白人による実力阻止行動
1977年　テレビドラマ『ルーツ』（アレックス・ヘイリー原作）放映．カンバヒー・リヴァー・コレクティヴ声明
1978年　最高裁判所，「逆差別」判決（バッキー判決）
1980年　共和党のロナルド・レーガン候補，大統領に当選（保守革命の始まり）
1986年　麻薬乱用取締法
1988年　民主党大統領候補の予備選挙で黒人指導者ジェシー・ジャク

関係略年表

1895年　ブカー・T・ワシントン，アトランタ綿花国際博覧会で演説
1896年　プレッシー対ファーガソン判決（「分離すれども平等」の原則）
1903年　W・E・B・デュボイス『黒人の魂』出版
1905年　ナイアガラ運動始まる
1909年　全国黒人向上協会（NAACP）設立
1912年　革新党結成
1914年　マーカス・ガーヴェイ，全世界黒人改善協会（UNIA）設立
1916年　このころ南部黒人の北部大都市への大移住本格化
1917年　アメリカ，第一次世界大戦に参戦
1919年　シカゴをはじめ全国の主要都市で人種暴動
1927年　ガーヴェイ，詐欺罪で国外追放
1931年　アラバマ州でスコッツボロ事件発生
1933年　農業調整法成立
1936年　民主党大統領候補指名大会に黒人代議員 36 人が出席
1938年　共和党大会で，黒人公民権政策を綱領として採択
1940年　リチャード・ライト『アメリカの息子』出版
1941年　「国防産業と軍隊での正当な地位を目指すワシントン行進運動」．国防産業における人種差別を禁ずる大統領行政命令 8802 号発令．アメリカ，第二次世界大戦に参戦
1942年　黒人新聞『ピッツバーグ・クーリエ』，「ダブル・V」のスローガンを提案
1943年　デトロイトをはじめ全国 47 都市で人種暴動．両人種間協調委員会，全国で 100 以上設立
1944年　『アメリカのディレンマ――黒人問題と現代民主主義』出版．軍事基地内施設の人種隔離撤廃命令．最高裁判所，「テキサス州の白人予備選挙は憲法違反」判決
1946年　ハリー・S・トルーマン，大統領公民権委員会を設置
1947年　「トルーマン・ドクトリン」宣言，連邦政府職員忠誠審査令発令
1948年　大統領行政命令により軍隊における人種隔離撤廃．トルーマン，黒人票を獲得して大統領に当選
1949年　産業別労働組合会議（CIO），共産党系 12 組合を追放
1954年　最高裁判所，「ブラウン対教育委員会」裁判判決（公立学校

イギリス議会，西インド植民地での奴隷制有償廃止を決定（翌年から実施）
1835年 第二次セミノール戦争（—1842年）
1836年 メキシコからテキサス共和国「独立」
1838年 チェロキー族の強制移住（「涙の旅路」．—1839年）
1845年 フレデリック・ダグラス，初の自伝を出版．テキサス併合
1846年 対メキシコ戦争（—1848年）
1848年 自由土地党結成
1850年 「1850年の妥協」により，強力な逃亡奴隷法制定
1852年 ハリエット・ビーチャー・ストウ『アンクル・トムの小屋』出版
1854年 カンザス・ネブラスカ法成立．共和党結成
1856年 カンザスで奴隷制擁護派と自由土地派が衝突し，200名が死亡．大統領選挙で共和党北部で大量得票
1857年 ドレッド・スコット判決
1858年 リンカン・ダグラス論争
1860年 大統領選挙で民主党が分裂し，共和党のエイブラハム・リンカン候補が当選
1861年 南部連合結成．南部連合軍が連邦軍サムター要塞を砲撃し，南北戦争開始
1862年 連邦軍，黒人受け入れ開始
1863年 奴隷解放宣言．ニューヨークで反徴兵・反黒人暴動
1864年 シャーマン将軍の南部縦断焦土作戦（—1865年）
1865年 南部連合軍降伏．リンカン大統領暗殺される．憲法修正第13条（奴隷制廃止）確定
1867年 再建諸法成立
1868年 憲法修正第14条（公民権保障）確定
1870年 憲法修正第15条（黒人の参政権保障）確定
1874年 連邦議会中間選挙で民主党が下院の多数を握る
1877年 「1877年の妥協」（南部各州の共和党政権すべて崩壊）
1886年 シカゴでヘイマーケット爆弾事件（労働運動弾圧）
1889年 プロ野球から黒人を排除
1890年 ミシシッピ州で黒人参政権剥奪が立法化（その後の南部各州のモデルに）
1892年 ポピュリスト党結成

関係略年表

1456年　ポルトガル，交易としての奴隷貿易をマンディンゴ族との間で開始
1518年　アメリカ大陸のプランテーションに黒人奴隷導入開始
1662年　ヴァージニア植民地議会，世襲的黒人奴隷制を法的に確立
1739年　サウスカロライナでストノ暴動
1756年　七年戦争（—1763年）
1770年　ボストン虐殺事件
1773年　ボストン・ティーパーティー事件
1775年　レキシントンで武力衝突，独立戦争開始．最初の反奴隷制協会成立
1776年　アメリカ独立宣言
1780年　北部諸州で漸次的奴隷制廃止始まる
1781年　イギリス軍降伏（独立戦争終結）．上南部諸州で，奴隷の個人的解放の規制緩和始まる
1787年　北西部領地条例（オハイオ川以北の北西部領地の奴隷制禁止）
1788年　アメリカ合衆国憲法発効
1790年　移民・帰化法で「帰化できるのは白人のみ」と規定
1792年　民兵法で「民兵になれるのは白人のみ」と規定
1793年　イーライ・ホイットニー，綿繰り機を発明
1808年　奴隷貿易禁止法発効
1811年　ジャーマン・コーストの反乱
1816年　アメリカ植民協会設立（リベリアへの植民計画開始）
1820年　「ミズーリの妥協」成立
1825年　エリー運河開通
1827年　最初の黒人新聞『フリーダムズ・ジャーナル』創刊
1829年　デイヴィッド・ウォーカー『世界の黒人市民への訴え』を発表
1830年　アメリカ自由黒人協会，アフリカ植民計画反対を決議
1831年　ナット・ターナーの反乱
1833年　奴隷制即時無償廃止を掲げるアメリカ奴隷制反対協会設立．

索　引

上杉 忍（うえすぎ・しのぶ）

1945年（昭和20年），中国・大連に生まれる．東京都立大学人文学部卒業．一橋大学大学院社会学研究科博士課程単位取得修了．博士（社会学）．静岡大学教授，横浜市立大学教授，北海学園大学教授などを歴任．横浜市立大学名誉教授．専門はアメリカ史．

著書『パクス・アメリカーナの光と陰』
（新書アメリカ合衆国史③，講談社現代新書）
『アメリカ南部黒人地帯への旅』（新日本出版社）
『公民権運動への道』（岩波書店）
『二次大戦下の「アメリカ民主主義」』
（講談社選書メチエ）
『ハリエット・タブマン』（新曜社）
ほか

アメリカ黒人《こくじん》の歴史《れきし》 増補版《ぞうほばん》
中公新書 2824

2013年3月25日初版
2020年12月25日5版
2024年9月25日増補版発行

著者 上杉 忍
発行者 安部順一

本文印刷 暁印刷
カバー印刷 大熊整美堂
製本 小泉製本

発行所 中央公論新社
〒100-8152
東京都千代田区大手町1-7-1
電話 販売 03-5299-1730
　　 編集 03-5299-1830
URL https://www.chuko.co.jp/

定価はカバーに表示してあります．落丁本・乱丁本はお手数ですが小社販売部宛にお送りください．送料小社負担にてお取り替えいたします．

本書の無断複製（コピー）は著作権法上での例外を除き禁じられています．また，代行業者等に依頼してスキャンやデジタル化することは，たとえ個人や家庭内の利用を目的とする場合でも著作権法違反です．

©2024 Shinobu UESUGI

Published by CHUOKORON-SHINSHA, INC.
Printed in Japan　ISBN978-4-12-102824-2 C1222

中公新書 1886

世界史

e2